AF359012

LES HABITATIONS OUVRIÈRES

EN

DANEMARK

ET

PRINCIPALEMENT DE COPENHAGUE

COMMUNICATION

faite au Congrès international des habitations à bon marché de 1900

PAR

M. Cordt TRAP

Directeur du Bureau de statistique de la ville de Copenhague.

ET

M. Olaf SCHMIDTH

Architecte, inspecteur des constructions de la Marine danoise.

PARIS

SECRÉTARIAT DE LA SOCIÉTÉ FRANÇAISE DES HABITATIONS A BON MARCHÉ

15, rue de la Ville-l'Évêque, 15

1900

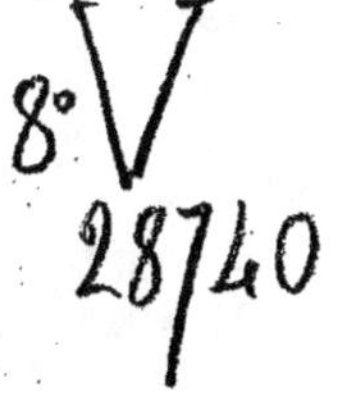

LES HABITATIONS OUVRIÈRES

DU

DANEMARK

ET PRINCIPALEMENT DE COPENHAGUE

COMMUNICATION

faite au Congrès international des habitations à bon marché

PAR

MM. TRAP et Olaf SCHMIDTH

A. — Indications générales.

L'état des habitations à Copenhague remonte en grande partie aux terribles catastrophes qui, de temps à autre, ont désolé la ville. Nous citerons ici notamment les deux grands incendies de 1728 et 1795, dont le dernier ne détruisit pas moins de 943 propriétés, c'est-à-dire le quart de la ville d'alors. Le bombardement de 1807, qui réduisit en cendres 300 maisons, eut aussi une grande importance. Par conséquent, le nombre des maisons antérieures au xviiie siècle est très restreint. Comme faisant partie de la vieille ville, on peut citer « Christianshavn » et « Nyboder. » Ce dernier nom désigne tout un petit quartier construit en 1630 et dans les années suivantes, dans le voisinage immédiat de la ville et non loin de l'arsenal royal, à l'usage de l'équipage fixe de la flotte par Christian IV, roi très actif. Nyboder fut considérablement agrandi sous ses successeurs. Cependant, la plus grande partie de la ville date de temps postérieurs aux événements que nous venons de rappeler. Les constructions de colombage étant brûlées, on les remplaça par des briques, mais dans son ensemble la ville n'avait pas gagné à ce renouvellement. Les nouveaux appartements étaient pour la plupart exigus et mauvais. Dans la première moitié du xixe siècle et principalement vers 1850, quand le besoin de nouvelles constructions se fit sentir, les remparts et les terrains environnants, réservés en vue des fortifications, formèrent comme une barrière infranchissable et empêchèrent par là l'agrandissement de la ville. Les servitudes de ces terrains furent abolies en 1852 et en 1867, la démolition des remparts fut décidée et ce quartier, transformé partiellement en propriétés.

On ne sait que peu de chose des habitations ouvrières dans la première moitié du XIXe siècle. Ce n'est qu'en 1850 que paraissent les premiers rudiments d'une statistique des habitations. On releva la superficie du terrain, en le rapprochant du nombre des locataires et, par cet examen, on reconnut que la capitale avait quantité de quartiers peuplés outre mesure. Sur 160 rues, 28 avaient 8 personnes et 5 rues plus de 16 personnes pour une superficie de 40 mètres carrés couverte de bâtiments (cour comprise). La statistique signalait même certaines propriétés qui avaient, sur ladite superficie, de 30 à 48 habitants.

En 1851, on fonda, dans un but philanthropique, une Société anonyme pour la construction d'habitations ouvrières à Christianshavn, un des quartiers ouvriers les plus surpeuplés, et, quelques années plus tard, la même Société fit élever un établissement de bains et un lavoir joints à des fourneaux économiques, qui furent transformés plus tard en habitations ouvrières.

En 1853, un bien triste événement, le choléra, qui sur 150.000 habitants en emporta 5.000, attira l'attention sur l'état des mauvaises habitations des classes ouvrières de Copenhague, et cette épidémie devint le point de départ d'efforts sérieux pour améliorer leur situation. Pendant l'épidémie, un comité avait réuni une certaine somme d'argent pour l'évacuation des quartiers les plus surpeuplés et menacés de la ville, pour l'alimentation des malheureux, etc... Ce comité, ayant, à la fin de l'épidémie, une certaine somme d'argent de reste, se mit en rapport avec des médecins, et par des efforts communs on réussit à construire, en dehors de la ville, une colonie d'habitations ouvrières salubres et à bon marché, à laquelle on donna le nom de « Habitations de la Société des médecins. »

Un autre événement déplorable, la guerre de 1863 et l'afflux dans la capitale des habitants des duchés après la signature de la paix si funeste au Danemark, devait donner une nouvelle impulsion au mouvement. En premier lieu, on peut mentionner l'agrandissement des « habitations de la Société des médecins ». En outre, le grand fidéicommis de Classen jeta, en 1866, les fondements d'une importante entreprise de construction « Les habitations Classen ». La « Société ouvrière de 1860 » commença, en 1865, la construction de 17 maisons à un étage, avec 112 logements destinés aux ouvriers, et la même année, une Société anonyme se fonda, élevant à « Nyboder » trois grandes rangées de maisons continues à l'usage des ouvriers. Quelques années plus tard, en 1869-1871, la « Société de secours mutuels de Christianshavn » fit construire 6 maisons pour logements d'ouvriers. Enfin, en 1871, on institua la société chargée de la construction des habitations gratuites pour la vieillesse et, en 1874, le « Arbeiderhjem de Frederiksberg » (le Foyer des ouvriers de Frederiksberg).

Une Société, dont l'idée émanait d'un centre ouvrier, par opposition à celles dont nous venons de parler, eut un résultat bien plus important, savoir : « La Société de construction des ouvriers». Les ouvriers du chantier de constructions navales et de la fabrique de machines de Burmeister et Wain, au nombre de deux cents, fondèrent, en 1865, une Société de construction, en faisant verser aux membres pour commencer, près de 3 francs, et les forçant à s'engager à donner environ 50 centimes par semaine, pendant les dix années suivantes. Nous reviendrons plus tard sur l'organisation particulière que créèrent ces règlements provisoires. Cependant, bien que cette société de construction fût fondée à l'origine par des ouvriers, il faut remarquer qu'elle a profité surtout, dans sa longue carrière, à la classe moyenne et aux fonctionnaires, puisqu'il n'y a qu'un petit nombre des habitants qui appartienne à la classe ouvrière dans le sens restreint du mot.

Les années comprises entre 1850 et 1875 sont l'époque des entreprises de constructions philanthropiques. Un ralentissement d'activité se produisit vers la fin de cette période. Toutefois, elle n'a pas été sans importance pour la cause des habitations ouvrières, mais le progrès acquis est complètement fondé sur d'autres bases, c'est-à-dire sur un considérable accroissement dans le bien-être matériel des ouvriers, grâce à l'augmentation des salaires, leur permettant de consacrer de plus fortes sommes à leurs habitations. C'est pourquoi la spéculation s'emparant de la construction des habitations ouvrières, s'est vue obligée dans son propre intérêt d'avoir plus d'égards qu'auparavant aux vœux des ouvriers.

A partir de 1880, on a pu suivre plus exactement le mouvement qui s'est produit sous ce rapport, le Bureau de la statistique de la capitale ayant commencé une statistique d'habitations renouvelée tous les cinq ans, la dernière fois en 1895.

Parmi les nombreux chiffres de cette statistique, quelques-uns contribuent particulièrement à l'éclaircissement de cette question, surtout ceux qui indiquent le déplacement entre les grands et les petits logements. L'importance de ce déplacement peut être constaté par le tableau suivant :

	1880		1895	
	Nombre.	0/0.	Nombre.	0 0.
Logements de 1 pièce . . .	8.323	16,8	10.887	43,3
— 2 " . . .	16.314	32,9	32.976	40.2
— 3 et 4 " . . .	45.524	31,3	25.142	30.6
— 5 » et au-dess.	9.455	19.0	13.054	15.9
	49.616	100.0	82.059	100.0

L'intérêt principal se rattache aux logements de 2 pièces dont le nombre a augmenté considérablement, tandis que celui des logements de 1 pièce et des grands logements de 5 pièces et au-dessus, a baissé proportionnellement. On se rendra facilement compte par le petit tableau ci-après que le déplacement entre les logements de une et de deux pièces surtout est très important de recensement à recensement.

	1880	1885	1890	1895
	Nombre.	Nombre.	Nombre.	Nombre.
Logements de 1 pièce	8.923	9.361	10.337	10.887
— — 2 pièces . . .	16.314	24.234	29.849	32.976

En quinze ans. le nombre des logements d'une pièce a augmenté d'environ 30 0 0. mais celui des logements de deux pièces d'environ 100 0 0. Ce qui ne s'explique que par un grand mouvement dans les classes ouvrières désirant de plus en plus des logements de deux pièces au lieu d'une.

Au dernier recensement, on résolut d'examiner comment les ouvriers mariés et les gens du peuple se répartissaient pour les logements d'une, deux, trois et quatre pièces. L'enquête comprit différentes parties de la ville caractérisées comme quartiers ouvriers. Elle tendit, en outre, à établir comment se répartissaient les enfants, d'après leur âge, dans ces groupes d'habitations.

Suivant cet examen, on avait à distinguer entre les classes suivantes :

I. — Ouvriers simples journaliers, et personnes appartenant aux classes ouvrières se rattachant à ces derniers.

II. — Ouvriers de profession.

III. — Fonctionnaires inférieurs, pompiers, commissionnaires, garçons de café, domestiques, cochers de tramways, etc.

IV. — Toutes les personnes non comprises dans ces classes.

Le résultat de l'enquête fut le suivant :

	UNE PIÈCE					DEUX PIÈCES					TROIS PIÈCES					QUATRE PIÈCES				
LOGEMENTS DE :	I	II	III	IV	TOTAL	I	II	III	IV	TOTAL	I	II	III	IV	TOTAL	I	II	III	IV	TOTAL
Nombre d'époux	342	249	31	66	688	990	1.046	243	436	2.715	128	289	111	578	906	25	67	61	313	466
Nombre d'enfants :																				
De 0 à 5 ans. . . .	226	175	15	34	450	772	848	165	245	2.030	88	195	54	182	519	22	41	40	141	244
De 5 à 10 ans. . . .	147	125	18	14	304	627	664	130	189	1.610	74	203	55	184	516	24	66	37	144	271
De 10 à 15 ans. . . .	91	85	5	10	191	430	424	78	173	1.105	68	177	54	177	476	17	60	26	134	237
Au-dessus de 15 ans .	28	21	2	9	60	172	180	31	83	466	52	115	35	112	314	9	39	18	98	164
TOTAL DES ENFANTS. . .	492	406	40	67	1.005	2.001	2.116	404	690	5.211	282	690	198	655	1.825	72	206	121	517	916

Ce tableau montre que pour les groupes I et II, qui comprennent principalement les ouvriers de profession et les simples ouvriers, les logements de 2 pièces étaient le type d'habitation dominant, puisque deux tiers des familles appartenant à chacun de ces groupes en habitent de tels. Quant aux simples ouvriers, 23 0/0 d'entre eux habitent des logements de 1 pièce, tandis que 10,3 0/0 habitent des logements de 3 et 4 pièces. Pour la classe des ouvriers de profession, les chiffres correspondants étaient 15,1 et 21,6 0/0.

On peut également déduire du même tableau d'autres résultats intéressants. Si l'on réunit les enfants de chaque classe d'âge avec la classe immédiatement supérieure, on trouve le résultat capital suivant pour chaque groupe d'appartements.

Sur les enfants de 0 à 10 ans, il y en avait :

	Logements de 1 pièce.	Logements de 2 pièces.	Logements de 3 pièces.	Logements de 4 pièces.
	0/0	0/0	0/0	0/0
de 0 à 5 ans . .	59,7	55,8	50,1	47,4
de 5 à 10 ans . .	40,3	44,2	49,9	52,6
	100,0	100,0	100,0	100,0

Sur les enfants de 5 à 15 ans, il y en avait :

	Logements de 1 pièce.	Logements de 2 pièces.	Logements de 3 pièces.	Logements de 4 pièces.
	0/0	0/0	0/0	0/0
de 5 à 10 ans . .	61,4	59,3	52,0	53,5
de 10 à 15 ans . .	38,6	40,7	48,0	46,5
	100,0	100,0	100,0	100,0

Ce qu'il y a de plus frappant dans les chiffres ci-dessus rapportés, c'est qu'en général il y a un nombre proportionnel plus grand entre les jeunes enfants et les plus âgés dans les grands logements que dans les petits. Ceci indique une mortalité plus développée dans les petits logements, et aussi peut-être le déménagement des familles avec enfants des petits appartements aux plus grands.

Pour mieux estimer la répartition des logements d'après leur nombre de pièces, nous donnerons dans le tableau suivant quelques renseignements sur la situation correspondante dans quelques grandes villes de l'étranger. Nous avons choisi les capitales scandinaves, Stockholm et Christiania, ainsi que la capitale de l'Empire allemand, Berlin.

	Logements de 1 pièce.	Logements de 2 pièces.	Logements de 3 pièces.	Logements de 4 pièces et au-dessus.	Total.
	%	%	%	%	%
Copenhague . .	13,3	40,2	16,7	29,8	100,0
Stockholm . .	49,5	21,4	10,2	18,9	100,0
Christiania . .	37,1	30,0	12,9	20,0	100,0
Berlin	44,0	31,1	12,3	12,6	100,0

L'année 1895 semble, du reste, former le point de départ d'un nouveau déplacement entre les logements de 2 et de 3 pièces, en faveur de ces derniers, car le nombre des nouveaux logements de 3 pièces installés en 1896-1898 excède considérablement le nombre des nouveaux logements de 2 pièces (1.702 contre 1.384).

Quoique la répartition des logements de Copenhague soit favorable en elle-même et quant à la direction qu'elle prend, la situation est bien meilleure dans la commune de Frederiksberg jointe à Copenhague, comme on peut s'en rendre compte par le tableau ci-dessous :

	Copenhague.	Frederiksberg.
	%	%
Logements de 1 pièce	13,3	6,1
Logements de 2 pièces	40,2	32,5
Logements de 3 et 4 pièces	30,6	35,8
Logements de 5 pièces et au-dessus	15,9	25,6
	100.0	100.0

La nouvelle loi de construction, d'avril 1890, a eu une influence d'un caractère particulier sur la situation des logements de la commune de Frederiksberg. Selon cette loi, la partie du terrain qui, dans les entreprises de construction, devait rester libre, s'augmentait suivant une certaine proportion quand, dans une maison au-dessus de 2 étages, on établissait plus de 2 logements avec une aire de plancher inférieure à 48 mètres carrés. L'effet de cette loi fut que l'installation de logements de 2 pièces cessa pour ainsi dire, tandis que les appartements de 3 pièces s'augmentèrent fortement.

Nous avons mentionné qu'en ce qui concerne Copenhague, il se fit un arrêt dans la fondation de Sociétés de constructions ouvrières de 1871 à 1899 environ. Il y a quelques années, le mouvement reçut une nouvelle impulsion qui cependant, à un plus grand degré qu'auparavant, émanait des ouvriers eux-mêmes. Les causes de ce revirement sont différentes.

Le nombre de plus en plus restreint des logements vacants à Copenhague y a contribué dans une certaine mesure. Nous donnons quelques chiffres à ce sujet :

1890	1891	1892	1893	1894	1895	1896	1897	1898	1899
3.091	2.858	2.621	2.863	2.311	2.083	1.645	1.063	540	478

A une seule interruption près, on voit que le nombre des logements vacants a diminué d'année en année. Le mouvement s'est surtout fait sentir pour les petits logements, de sorte qu'en 1899 les logements d'ouvriers faisaient absolument défaut. On ne peut donc s'étonner que les loyers de ces logements aient augmenté énormément et que l'idée de se procurer, au moyen de l'association de meilleurs logements et à un prix modéré ait germé dans l'esprit des ouvriers, surtout à un moment où les idées d'organisation étaient bien à la portée des ouvriers, grâce à un vif développement des syndicats.

On ne saurait méconnaître non plus que le mouvement reçut une nouvelle impulsion favorable de la loi du 26 février 1889, qui a autorisé le Gouvernement à prêter jusqu'à concurrence de 2.800.000 francs à des communes ou à des Sociétés ayant l'intention de faire construire de confortables habitations ouvrières aux environs de Copenhague et des villes de province.

Voici le texte de cette loi :

LOI sur les emprunts a faire pour la reconstruction de quartiers malsains surchargés de maisons a Copenhague et dans les villes de province et pour la construction d'habitations ouvrières.

Article premier. — Si la démolition et la reconstruction de quartiers surpeuplés et malsains à Copenhague et dans les villes de province se font par l'ordre de l'administration communale ou sur un projet ratifié par celle-ci, le Ministre des Finances est en droit de faire un emprunt de la Caisse de l'État contre une garantie qu'il jugerait convenable, s'il trouve l'entreprise de construction d'une assez grande importance pour l'état sanitaire et principalement si l'on réussit à faire par là de bonnes habitations ouvrières ou des édifices contribuant d'autre façon au bien-être de la classe ouvrière, comme par exemple, des écoles communales et primaires, des lavoirs, établissements de bains, cabinets de lecture publics, etc. L'emprunt sera payé et acquitté moyennant 4 0/0 d'intérêt, dont 3 0 0 d'intérêt annuel du capital dû ; le reste servira d'acompte. La demande d'emprunt doit pourtant être adressée avant la fin de 1907. Le

total des emprunts que peut ainsi faire le Ministre des Finances
ne doit pas s'élever à plus de 2.800.000 francs. Ladite administration communale est autorisée à ce sujet à faire les expropriations
nécessaires conformément aux prescriptions de la loi du 14 décembre
1857 sur les rues, les chaussées, etc., à Copenhague, ainsi qu'à
la loi du 27 février 1897 sur le changement des termes de la loi de
construction pour Copenhague du 12 avril 1889.

Art. 2. — Jusqu'à la fin de 1907, le Ministre des Finances peut,
au moyen de la Caisse de l'État, fournir des prêts jusqu'à une somme
de 2.800.000 francs à des communes et à des Sociétés faisant construire à Copenhague ou dans le voisinage, dans les villes de province ou leurs environs, des habitations bonnes et salubres, à la
condition que le bénéfice éventuel sera employé au profit du but de
la Société. L'emprunt sera garanti par une sûreté hypothécaire
jugée convenable par le Ministre des Finances et les intérêts et
acomptes seront les mêmes que ceux fixés dans l'article précédent.

Art 3. — Les Sociétés ou personnes privées qui, d'après les règles
des paragraphes 1 et 2, font des emprunts, doivent remettre un rapport annuel au comité de l'administration communale qui l'envoie au
Ministère des Finances accompagné de sa déclaration. Celui-ci est en
droit de dénoncer l'emprunt avec six mois de notification s'il juge
que les décisions de ladite loi ne sont pas respectées.

Tandis que le premier article de la loi autorisant le Ministre
des Finances à prêter pour la reconstruction de quartiers de villes
surpeuplés et malsains est resté jusqu'ici lettre morte pour un grand
nombre de sociétés de construction, il s'est déclaré, au contraire, une
véritable émulation pour emprunter de l'argent pour la construction
d'habitations ouvrières aux conditions trés modérées offertes par la loi.

Voici les conditions les plus importantes posées par le Ministère
des Finances pour obtenir ces emprunts :

1° Les membres doivent appartenir à la classe ouvrière ;

2° Ordinairement, l'emprunt ne doit pas dépasser 60 0/0 de la
valeur que possèdent les terrains et les édifices de la Société d'après
une taxation faite conformément à la loi du 19 mars 1869, ou à
l'usage d'une société de crédit et autorisée plus tard par le Ministère
des Finances ; cette limite n'est pourtant pas strictement obligatoire et
pour chaque cas on doit fixer un montant qu'il n'est pas permis de
dépasser.

3° L'emprunt est ordinairement accordé sur première hypothèque,
mais exceptionnellement, on le donnera également contre une

deuxième hypothèque, à la condition que les règles fixées à l'article 2 sur les limites de l'importance de l'emprunt ne soient pas dépassées. Tous les membres de l'association doivent être solidairement responsables des obligations, conformément à la loi.

4° L'emprunt ne sera pas accordé avant que la commune ait certifié que les maisons sont construites comme habitations ouvrières, salubres et satisfaisantes sous tous les rapports ;

5° L'emprunt sera échu quand la Société, comme telle, cessera de posséder le nantissement. Si des parties du nantissement sortent de la possession de la Société par contrat d'achat, par titre de possession ou d'une façon quelconque, on donnera un acompte jugé convenable dont l'importance définitive sera fixée par le Ministère des Finances, tandis que le reste demeure intact comme auparavant.

Les emprunts peuvent être payés successivement, de sorte qu'on paiera une partie de l'emprunt correspondante à la valeur des maisons construites. Quand toute l'entreprise en question sera terminée, les emprunts fournis seront considérés comme un emprunt général sur toutes les propriétés.

Conformément à la susdite loi, les promesses d'emprunt suivantes ont été faites :

« Godthaab » (Bonne Espérance) Société de construction des ouvriers de l'Arsenal, à Sundbyerne . . . jusqu'à Fr.		530.000
Société des cent ouvriers « Enighed » (Égalité), à Bröndshöi.	»	500.000
Société « Venners Hjem » (le Foyer des Amis), à Valby	»	222.000
Société de construction des ouvriers de l'Usine à gaz de Frederiksberg	»	515.000
Société de construction des ouvriers de Burmeister et Wain, à Strandveien. . . .	»	250.000
« Arbejdshjem » (le Foyer des ouvriers de Frederiksberg, à Frederiksberg	»	16.600
Société de construction des ouvriers de Fredericia	»	42.000
Société anonyme pour la construction d'habitations ouvrières près de Rördal, aux environs de Aalborg.	»	140.000
Société de construction des ouvriers de Valby	»	416.000
	Fr.	2.651.600

En outre de ces neuf sociétés, douze autres ont sollicité des secours d'argent du Ministère, mais cinq d'entre elles ont essuyé un refus.

La somme demandée par ces sociétés s'élève à 5.000.000 de francs.

On a vu que les 2.800.000 francs destinés par la loi à des prêts en habitations ouvrières avaient été employés presque intégralement, et dans la session de 1899-1900 on a proposé de deux côtés d'augmenter l'importance des prêts de l'État.

La proposition de deux membres de l'opposition de gauche maintient la loi existante en proposant seulement une augmentation du capital prêté de 2.800.000 francs à 5.600.000 francs.

La proposition du groupe socialiste repose sur une base essentiellement différente; d'après celle-ci, les fonds prêtés par l'État seraient remis directement aux communes urbaines quand celles-ci, faute d'habitations ouvrières convenables, désireraient construire elles-mêmes. Dans ce but, le Ministère des Finances pourrait, avant les délais fixés par la loi du 26 février 1898, prêter aux communes intéressées jusqu'à 5.600.000 francs de plus que le montant fixé dans la loi.

On a proposé encore une faveur pour les emprunteurs, à savoir que, durant trois ans, les emprunts seraient exempts d'intérêts ; ce n'est qu'au bout de ce temps que les intérêts du capital et les acomptes seraient payables aux conditions fixées.

D'autre part, on a voulu acquérir la certitude que les faveurs accordées profiteraient entièrement aux locataires, le loyer étant fixé aussi bas que possible, de sorte qu'il ne produise pas un bénéfice supérieur au montant nécessaire à la rente, à la conservation des bâtiments et à l'amortissement.

Après ces considérations générales, nous étudierons les principales institutions d'une manière plus détaillée. Cette étude sera divisée en deux parties, dont l'une comprendra la période antérieure à 1890 et l'autre les institutions fondées dans les dernières années et principalement celles auxquelles la loi du 26 février 1898 a donné un plus grand essor.

B. — Institutions antérieures à 1890.

« NYBODER ».

Au milieu du XVIe siècle déjà, l'État établit, dans le voisinage de l'arsenal royal, des habitations pour le personnel fixe de la marine. Mais au fur et à mesure que la flotte s'agrandissait et que les différentes industries qui s'y rattachent prenaient plus d'importance, les habitations se montrèrent insuffisantes. Pour cette raison, le roi Christian IV commença en 1630 la construction d'une nouvelle colonie, celle que nous avons déjà nommée, « Nyboder ». On continua de l'agrandir, de sorte que jusqu'à présent la marine y a des habitations pour une grande partie de son personnel des différents grades. Cet ensemble de maisons couvrait, à son apogée, une surface de 18 hectares.

Il va de soi que les premières maisons, élevées à peu de frais, n'ont pu résister aux atteintes du temps jusqu'à nos jours ; cependant, il reste encore une petite partie de ces vieilles constructions qui, du temps de Christian IV, étaient toutes à un étage. Mais même celles construites un peu plus tard, et qui parvinrent à une hauteur de deux étages, sont plus ou moins délabrées et témoignent d'une construction défectueuse et d'une mauvaise organisation.

Différentes circonstances et notamment la malheureuse guerre de 1864 firent qu'on n'eut plus besoin d'autant d'habitations qu'auparavant et peu à peu de grandes parties de ce vieux quartier furent consacrées à d'autres usages.

Cependant, vers 1886, l'État commença en partie la reconstruction complète des plus anciennes maisons (dont il a été donné un rapport plus détaillé en 1889, à Paris, au Congrès des Habitations ouvrières), et en partie l'amélioration radicale des moins anciennes, travail favorable qui se continua une série d'années, jusqu'à ce qu'il fût arrêté par l'état des choses.

L'agrandissement considérable de Copenhague gagnant également de ce côté a attiré l'attention sur un déplacement de la colonie. La réalisation de ce plan présenterait naturellement beaucoup de difficultés.

Dès l'origine, chaque maison comprenait quatre logements occupés par quatre familles appartenant au grade le plus bas. Mais pour celles d'un rang plus élevé, pour les sous-officiers ou les familles nombreuses, on a réuni ensemble deux logements avec les changements nécessaires dans leur disposition.

Le loyer est le même pour toutes les maisons, pour les neuves comme pour les vieilles, pour les maisons bien disposées comme pour celles qui le sont mal, et l'on peut imaginer facilement que ce n'est pas une sinécure que d'administrer dans de telles conditions, et qu'il est malaisé de contenter tant de locataires, de classe et de rang différents. Le loyer est toujours calculé d'après le quart d'une maison, c'est-à-dire 83 francs par an, 166 francs pour la moitié et ainsi de suite ; il se paye un mois à l'avance ou plutôt il est déduit du traitement du locataire. Pour les plus mauvaises maisons, ces prix ne sont pas élevés ; pour les bonnes, ils sont même très bas et le locataire d'une de celles-ci se trouve naturellement dans une situation fort avantageuse.

« Nyboder » comprend actuellement 378 maisons habitées par 4.000 individus à peu près, le chef de chaque famille étant de façon ou d'autre attaché à la marine.

L'entretien des bâtiments et de leurs dépendances est entièrement aux frais de la marine, qui y emploie ordinairement 63.000 francs par an. Mais, de temps à autre, le budget de l'État met à la disposition de la colonie un crédit extraordinaire de sommes plus ou moins fortes pour l'amélioration des constructions, sommes qui ne pourraient être prélevées sur les crédits ordinaires.

Le maintien de l'ordre, la répartition des logements, etc, est confié à un commandant, dépendant du ministère et ayant à sa disposition le personnel nécessaire.

SOCIÉTÉ ANONYME POUR LA CONSTRUCTION D'HABITATIONS À L'USAGE DE LA CLASSE OUVRIÈRE DE CHRISTIANSHAVN.

À Christianshavn, partie de Copenhague située à l'est du port, les habitations de la classe pauvre étaient très mal organisées, insalubres et surpeuplées ; et de plus le loyer, à cause des manufactures et établissements commerciaux très nombreux dans ce quartier était nécessairement très élevé, malgré le mauvais état des habitations. Pour remédier à ce mal, une Société anonyme se fonda en 1851, comme nous l'avons déjà dit, et peu après, trois grands édifices furent élevés pour la classe ouvrière. Ils sont situés sur un terrain isolé d'environ 1.530 mètres carrés, donnant d'un côté sur un canal et des autres sur des places libres, qui seront cependant bientôt en partie couvertes de bâtiments. Sa situation étant basse et peu propice aux constructions, il a fallu y remédier par un système de drainage soigneux, qui a donné les meilleurs résultats.

Toutes les maisons sont à trois étages, avec sous-sols employés à différents usages par les habitants. Elles sont en briques et couvertes en ardoises ; des murs mitoyens séparent les groupes en différentes divisions, de sorte qu'un seul escalier est commun à six ou huit familles.

Le nombre total des habitations est de soixante-deux, comprenant le plus souvent deux pièces avec cuisine ; cependant, huit de ces habitations n'ont qu'une pièce avec ou sans cuisine ; de plus il s'y trouve le logement de l'inspecteur et un magasin.

Le loyer annuel est de :

200 à 260 francs, — pour les logements de deux pièces.

100 à 110 francs, — pour les logements d'une pièce d'après leur grandeur et leur disposition.

Le nombre des locataires est de 160, dont environ 30 enfants. Pour le moment, 29 d'entre les habitants sont ouvriers, 16 journaliers, deux retraités, quinzes veuves et d'autres femmes seules.

Le fonds social, réparti en s'élève à environ 160.000 francs 576 actions ; les bâtiments sont assurés contre l'incendie pour une somme d'environ 200.000 francs. Les actionnaires ont eu pendant plusieurs années 3 0 0 de dividende par an ; mais dans les premiers temps, le résultat n'était pas si favorable. Une partie du capital fut absorbée au début par l'installation dans la propriété de fourneaux économiques, d'un établissement de bains et d'un lavoir ; cette entreprise ne rapporta rien et dut être abandonnée. Mais on peut dire que le capital perdu est de nouveau regagné par la hausse de valeur du terrain.

Une somme d'environ 2.000 francs est consacrée chaque année à l'entretien des habitations et depuis peu, pour répondre à un désir général, on a posé le gaz dans les cuisines, les corridors et sur les places.

Malgré la disposition et l'organisation un peu surannées des appartements, ceux-ci sont vivement recherchés et c'est un fait rare qu'un appartement vacant.

L'état sanitaire n'a pas cessé d'être bon ; les cas de mort ou de maladie sont insignifiants.

La surveillance locale est faite par un inspecteur assisté des employés nécessaires, tandis que la charge de directeur est sans appointements.

HABITATIONS DE LA « SOCIÉTÉ DES MÉDECINS ».

Comme nous l'avons dit déjà, une épidémie de choléra régnait à Copenhague en 1853, et un grand nombre d'habitants furent enlevés par cette maladie. Deux sociétés : « la Société des Médecins » et le « Comité Central » qui, avec le plus grand zèle, avaient travaillé à combattre l'épidémie, pensèrent qu'une des principales raisons de sa grande extension était la mauvaise condition des logements de la population pauvre, et que la construction de maisons salubres et à bon marché serait le moyen le plus efficace d'empêcher le renouvellement de tels désastres. Un comité constitué cette année même et composé de délégués des deux Sociétés forma de suite une Société de construction.

L'entreprise rencontra tout de suite le meilleur accueil de tous côtés. L'administration communale de Copenhague céda, après des pourparlers avec le Ministère de la Guerre, un grand terrain salubre, isolé et faisant partie des champs de manœuvre de l'État situés un peu en dehors de la capitale ; ce terrain était d'environ 16.000 mètres carrés ; il s'étendit plus tard sur 40.000 mètres carrés. Le « Comité central » et la « Société des médecins » donnèrent, sur la somme recueille pendant l'épidémie, environ 60.000 francs, et la Caisse d'épargne de Copenhague et des environs, ainsi que la « Société de l'État d'assurance sur la vie », garantirent l'entreprise en prêtant avec une gracieuseté extraordinaire, à la condition d'acomptes successifs, jusqu'à moitié de la valeur d'estimation. A plusieurs reprises, on commença la construction des maisons ; en 1872, il élevait sur ce terrain dix-huit maisons d'habitation avec buanderies et commodités, ainsi qu'un bâtiment contenant le logement de l'inspecteur, les bureaux et des magasins.

Comme plus tard on établit à un kilomètre de ces habitations et près du « Sund » une grande usine à gaz et que dans les environs se trouvaient plusieurs établissements industriels, le besoin de bonnes habitations se fit sentir fortement. Par une nouvelle bienveillance de l'administration municipale, on acquit dans le voisinage immédiat de ces établissements un grand terrain d'environ 14.000 mètres carrés, sur lequel on construisit, de 1878 à 1881, un groupe de maisons avec dépendances d'un caractère un peu différent des premiers, leur extérieur étant plus coquet ; trois d'entre elles ont deux étages avec caves et magasin disposé pour le commerce, tandis que le reste n'a qu'un étage.

Chacun des groupes à un étage contient environ trente familles, de sorte que quatre ou cinq familles ont un escalier en commun. Les maisons sont construites en briques et couvertes en tuiles.

Entre les différents groupes de bâtiments se trouvent des places plantées d'arbres, servant aux jeux d'enfants. Les places et les allées sont éclairées au gaz de l'usine à gaz de Copenhague et l'eau est installée dans chaque appartement ; l'eau perdue se déverse

2

dans les égouts publics. L'état sanitaire de la colonie est en général satisfaisant, et comme règle, on peut dire qu'il est meilleur que dans les autres parties de la capitale.

Le nombre des habitants est de près de 2,600, tous gens du peuple, tels que ouvriers, journaliers, employés subalternes retraités; en outre, il y a un grand nombre de veuves et de vieilles filles. Il y a en tout 727 appartements dont 48 de 3 pièces, 329 de 2 pièces et 350 de une pièce; chaque logement comprend également une cuisine et un grenier pour le combustible. Le plus grand avantage de ces habitations, c'est leur situation saine et libre; mais d'un autre côté, l'existence d'une loi accordant une dispense d'impôts aux logements dont la superficie est inférieure à 25 mètres carrés a eu une très mauvaise influence sur leur construction. Néanmoins, les logements sont très recherchés et les solliciteurs sont toujours en grand nombre attirés également par le loyer si peu élevé comparativement à celui des maisons de la capitale.

Il est de :

16 fr. 60 à 20 francs par mois, pour les logements de 3 pièces,
12 fr. 50 à 16 fr. 60   »   »   2   »
7 fr. 20 à 12 fr. 50   »   »   1   »

Il faut remarquer encore que la direction distribue des primes aux plus anciens locataires, jusqu'à concurrence d'une somme totale de 8.900 francs.

Elle cherche aussi d'autre façon à contribuer à leur bien-être, soit en inspectant les habitations et leurs dépendances et en les entretenant, soit en organisant ou en maintenant dans ce but différentes institutions.

C'est ainsi que dès 1868, on fonda une société coopérative de consommation commencée très modestement, mais peu à peu arrivée à un grand développement. Tandis que le chiffre des affaires ne s'élevait durant les cinq premières années qu'à 256.000 francs, environ, il atteint maintenant, pendant le même espace de temps, environ 1.437.000 francs. Les membres possèdent un capital d'environ 23.000 francs, tandis que le fonds de réserve est d'environ 12.000 francs; la Société a acquis une bibliothèque d'environ 3,000 volumes; elle soutient le fonctionnement des salles d'asile par des contributions, aide les membres à payer les rétributions scolaires, à faire face aux frais de première communion ou d'enterrement, de même qu'elle paye un loyer convenable de ses locaux, les appointements des fonctionnaires, etc.

De toutes les sociétés de ce genre, instituées depuis sa fondation dans la capitale, elle est la seule qui subsiste et elle a été d'un grand secours pour ses membres qui s'habituent de la sorte à se diriger eux-mêmes, à être économes et à faire une comptabilité solide.

Depuis bien des années, la direction avait fourni une contribution annuelle à une société de salles d'asile dans un des faubourgs, celui de Nörrebro ; mais en 1871, on organisa dans un des bâtiments alors en construction une salle d'asile indépendante, sous la protection de S. A. R. la princesse Louise de Danemark.

Peu à peu, ce local, pouvant contenir 130 enfants, devint insuffisant, à raison de l'augmentation du nombre des habitations, et l'on résolut en 1883, d'élever un local bien aménagé sur une partie non construite du terrain primitif.

Cette construction, à laquelle on donna un aspect plus monumental, contient, en dehors d'une salle d'asile proprement dite, de 100 mètres carrés, et bien organisée au point de vue hygiénique, deux salles d'étude, un dortoir dans lequel 20 des plus jeunes enfants peuvent se reposer à la fois, et un logement pour la directrice et ses adjointes ; mais en outre, on trouve une grande place de jeux asphaltée, avec des appareils de gymnastique. La salle d'asile est en général fréquentée par 250 enfants.

La Société contribue à l'existence de cette institution par une somme annuelle d'environ 2.000 francs ; du reste, les parents qui en ont le moyen payent une contribution de 13 centimes par semaine. Le tout est administré par l'inspecteur des habitations et par un comité de dames. Grâce à de nombreux dons, l'asile a peu à peu amassé un capital d'environ 20.000 francs, dont les rentes aident à couvrir les frais.

Enfin, en 1892, on ouvrit, sur une autre partie du terrain libre, un établissement de douches dont le besoin se faisait sentir très vivement depuis longtemps. Il contient, outre 10 cabines de bains, avec cabinet de toilette correspondant, un petit bureau et une salle d'attente, un emplacement pour la chaudière à vapeur, un bûcher ainsi que le logement du baigneur et de sa famille. Un bain avec serviette et savon, coûte 18 centimes. L'établissement ouvert est très fréquenté et le nombre de bains pris augmente tous les jours, de sorte qu'à présent, il s'élève à près de 50.000 annuellement. Les recettes suffisent non seulement à couvrir les frais d'exploitation, mais encore les intérêts des dépenses faites pour la construction et l'organisation du bâtiment.

Enfin, il y a un an, on a élevé une « salle de réunion » qu'utilisent la Société coopérative de consommation et l'école du dimanche, ainsi que la direction qui y fait faire des conférences pour les membres de la Société.

Les frais de cet établissement avec les maisons d'habitations, les buanderies et les commodités, un hangar, un petit dépositoire pour les morts, le logement de l'inspecteur, la salle d'asile, l'établissement de bains, les salles de réunion, les travaux de terrassement, les systèmes de conduits différents, peuvent être évalués à environ 1.830.000 francs; les hypothèques se montaient à l'origine à environ 1.070.000 francs, mais se réduisent maintenant à 70 0/0 de cette somme.

Un inspecteur, en même temps caissier de la Société, est chargé de la surveillance locale; il est assisté de différents employés; toute l'administration coûte environ 13.000 francs.

La direction est une charge purement honorifique.

HABITATIONS « CLASSEN » A FREDERIKSBERG.

Après la malheureuse guerre de 1864, la direction du « Fidéicommis de Classen », fondé en 1789 par un riche particulier, dans le but de former des hommes utiles à l'État et de soulager la misère, décida d'employer une partie de la fortune importante du fidéicommis à l'érection d'une assez grande colonie d'habitations salubres et à bon marché pour les gens peu aisés.

On se procura à Frederiksberg un terrain bien situé d'une superficie de 34.000 mètres carrés, et la première pierre fut posée en 1866. Au fur et à mesure que le besoin s'en fit sentir, on construisit de nouvelles maisons et vers l'an 1879, toutes les habitations étaient occupées.

Comme l'établissement se présente maintenant, il comprend 24 constructions à louer, un corps de bâtiment principal où est logé l'inspecteur, des magasins, une blanchisserie à vapeur, un presbytère, une église et une salle d'asile pouvant contenir 150 enfants.

Les allées plantées sont assez richement éclairées au gaz par l'usine à gaz de Frederiksberg et toute la colonie fait une impression aimable; mais avec les années et par la grande extension de la capitale, elle est maintenant entourée de bâtiments. Toutes les maisons sont à deux étages, groupées en quatre rangs disposés en longueur du Nord au Sud et formant au milieu de l'établissement une place ouverte sur laquelle se trouvent les institutions communes. Les maisons sont en briques et couvertes en tuiles.

Les habitations ont leur propre usine à eau, qui non seulement approvisionne les locataires, mais encore fournit la vapeur et l'eau chaude à la blanchisserie à vapeur. Pour l'emploi de cette dernière, on paye 0 fr. 18 par heure. L'eau perdue est conduite sous terre à un égout voisin.

Il y a en tout 378 habitations dont 8 de trois pièces, 276 de deux pièces et 94 d'une pièce. Elles sont toutes chauffées par des poêles. A chaque logement sont attachés une cuisine, un grenier et un petit jardin. Chaque entrée donne accès à quatre logements. Les cabinets d'aisances sont situés dans de petits édifices et organisés d'après le système des tonneaux.

La grandeur de chaque habitation de deux pièces est d'environ 32 mètres carrés.

Le loyer pour un logement de trois pièces est de 89 francs pour six mois, — pour un logement de deux pièces. il est de 83 francs et 75 francs pour six mois, d'après la grandeur de la chambre à coucher; — pour un logement d'une pièce, il est de 55 francs pour six mois, mais en outre il est alloué au locataire une diminution de loyer de 4 francs par semestre, laquelle est faite tous les cinq ans pendant vingt ans.

La construction et l'organisation de l'établissement ont coûté 1.400.000 francs; mais ce capital produit à peine 1 p. 100 de rente annuelle, le loyer étant très bas.

Les appartements sont occupés pour le moment par 107 ouvriers, 165 journaliers et 106 veuves ou personnes seules du sexe féminin. Le nombre total des locataires est de 1473 dont 639 enfants au-dessous de dix-huit ans.

Les logements sont très recherchés et pour le moment, 150 expectants sont inscrits. L'état sanitaire est satisfaisant.

En ce qui concerne l'église, les habitations constituent une paroisse particulière, dite « Paroisse des habitations Classen » dont le pasteur et les fonctionnaires sont payés par le fidéicommis. On a organisé une école du dimanche pour les enfants jusqu'à leur première communion (1); une « Union chrétienne de Jeunes Gens » et une semblable pour les jeunes filles ont prospéré ces dernières années et l'on pense fonder, pour ces deux Sociétés, une salle de réunions com-

---

(1) En Danemark, la première communion se fait à l'âge de quatorze ou quinze ans.

mune. A l'asile, on reçoit les enfants de deux à sept ans, mais seulement ceux des locataires des habitations.

Un inspecteur, assisté de différents employés, a le soin de l'administration particulière.

HABITATIONS OUVRIÈRES A « NYBOR ».

Sur un des terrains de la colonie de « Nyboder » ci-dessus nommée, évacués par la marine, une Société anonyme a élevé en 1868 un ensemble d'habitations ouvrières. Le terrain dont on disposait avait une superficie de 3150 mètres carrés.

La construction fut disposée comme il suit : deux rangées de maisons furent bâties tournant chacune leur façade vers leur rue respective, tandis qu'une troisième était placée au milieu, fournissant ainsi deux places libres, grandes et aérées, propres à des places de jeux.

Les trois bâtiments ont chacun trois étages : rez-de-chaussée, premier et deuxième étage, et comprennent ensemble 146 logements dont 84 d'une pièce, 59 de deux pièces et 3 de quatre et cinq pièces. Ils ont tous une cuisine et un bûcher. La superficie de chaque logement de deux pièces n'est que d'environ 25 mètres carrés.

Le loyer varie d'après la grandeur et la situation du logement; il est de :

300 à 330 francs par an pour les habitations de quatre à cinq pièces,
165 à 190 francs par an pour les habitations de deux pièces.
100 à 165 francs par an pour les habitations d'une pièce.

On paye pour un des plus grands logements, auquel est attaché un magasin, environ 440 francs par an.

Les maisons sont toujours habitées par des gens des classes les moins aisées, représentées pour le moment par 33 ouvriers, 22 journaliers et 91 veuves et femmes seules. Le nombre des enfants s'élève à 220 environ.

Malgré la moins bonne distribution et la construction surannée des habitations, elles sont toujours très recherchées et le surveillant réussit toujours à maintenir le bon ordre ; une menace de congé suffit ordinairement pour aplanir toutes difficultés. Les congés sont rares et les déménagements ne sont, en général, occasionnés que par décès ou changement de position.

L'inspecteur est également responsable du payement des loyers,
mais ses pertes sont rares.

Ces habitations sont à présent dirigées par un comité, élu partiellement par l'administration municipale.

HABITATIONS DE LA SOCIÉTÉ OUVRIÈRE DE 1880.

En 1860, une Société anonyme au capital d'environ 100.000 francs
se fonda dans le but de construire de bonnes habitations pour la
classe ouvrière.

Grâce à l'administration municipale et à différentes caisses d'é-
pargne qui mirent à la disposition de la société une somme d'environ
120.000, francs la construction des maisons put bientôt être commencée sur un terrain d'environ 14.000 mètres carrés et situé un peu
en dehors de Copenhague.

L'établissement s'est peu à peu agrandi jusqu'à contenir dix-sept
corps de logis à un étage, contenant ensemble des logements pour
142 familles ; mais, en outre, on y trouve une maison à
deux étages avec des magasins et l'habitation de l'inspecteur.
La plus grande partie des logements sont de deux pièces,
tandis que quelques-uns ne sont que d'une pièce ; tous sont avec
cuisine et grenier auquel on arrive par un escalier débouchant dans
la cuisine. Les logements n'ont pas d'entrée, on y pénètre par une
porte donnant directement dans la cuisine. L'eau est installée dans
chaque logement et les cabinets se trouvent dans les petites cours ;
à quelques-uns des logements est attaché un petit jardin.

Comme on peut s'en rendre compte par ce qui précède, les maisons sont disposées d'après l'ancien système et, en outre, elles
ont l'inconvénient ordinaire de cette époque : leur superficie est
trop petite, n'étant que d'environ 25 mètres carrés ; mais malgré
cela elles sont fort recherchées ; les logements vacants sont chose
rare et l'état de santé de leurs 550 habitants demeure toujours
excellent. Dans le courant de la dernière année, on a exécuté d'im-
portants travaux pour l'amélioration des égouts ; le fonds de réserve
a fourni les frais. Une des raisons principales pour laquelle les
logements sont tellement recherchés est naturellement le loyer si
modéré, d'environ 130 francs par an pour les grands logements
et d'environ 100 francs pour les petits. Mais à ce loyer s'ajoute un
système de tantième qui favorise les locataires, de sorte que ceux
qui ont habité les logements dix ans reçoivent une prime d'environ

30 francs et quand ils y ont habité quatorze ans, ils reçoivent environ 7 francs par an. Enfin s'ils y ont demeuré vingt-cinq ans, on leur accorde une diminution de loyer d'environ 17 francs. Les locataires, qui sont pour la plupart des ouvriers, des journaliers et des veuves, ne peuvent cependant pas devenir propriétaires.

L'état économique de la Société peut être considéré comme satisfaisant, puisqu'il se présente avec un excédent annuel d'environ 8.000 francs. Sur cette somme on en prélève 6 0/0 comme bénéfice, tandis que le reste, déduction faite cependant d'un petit acompte destiné à une salle d'asile, est placé au fonds de réserve dont l'importance est pour le moment d'environ 60.000 francs dont environ 2.000 francs en espèces, le reste étant placé dans différentes institutions financières et donnant un intérêt de 4 ou 3 1/2 0/0.

HABITATIONS DE LA SOCIÉTÉ DE SECOURS DE « CHRISTIANSHAVN »

La Société de secours de Christianshavn a fait fonder, vers 1870, une Société anonyme qui, de 1869 à 1871, éleva six maisons à trois étages dans « Prinsessegade ». On y trouve 200 habitations, sans compter l'appartement de l'inspecteur, quelques magasins au rez-de-chaussée et sur la rue, 57 seulement de ces habitations comptent deux pièces et une cuisine ; tout le reste ne comprend qu'une pièce et une cuisine ; cependant chaque logement a sa décharge.

Ces habitations ont beaucoup de défectuosités : la superficie, comme conséquence de la loi déjà rappelée, est beaucoup trop petite. Le terrain laisse fort à désirer sous le rapport hygiénique ; l'aération est mauvaise et le soleil n'y pénètre guère à cause de l'entourage surpeuplé. Malgré ces mauvaises conditions, elles sont pourtant bien supérieures à un grand nombre de maisons délabrées et malsaines dans lesquelles la population pauvre de ce quartier de fabriques et d'usines est obligée de se loger.

Le nombre des habitants s'élève à près de 900, qui tous, il va sans dire, appartiennent à la classe la moins aisée ; le loyer est assez modéré, n'étant que de 200 à 270 francs environ par an pour les plus grands logements, et de 130 à 170 francs environ pour les plus petits logements.

HABITATIONS GRATUITES POUR LES VIEILLARDS PAUVRES
DES DEUX SEXES.

En 1871, une Société fut créée dans le but de fonder des habitations gratuites pour les vieillards pauvres des deux sexes. Elle fut soutenue et dirigée par différentes personnes riches, grâce à la générosité desquelles elle possède 300.000 francs. La Société a été, de la sorte, en état de faire construire à l'extrémité de la ville treize maisons à deux étages contenant ensemble 116 logements comprenant une ou deux pièces avec cuisine, et les dépendances ordinaires.

Le loyer a baissé annuellement de sorte, qu'au bout de vingt ans le locataire habite gratis jusqu'à sa mort ou éventuellement à celle de sa veuve. Sept de ces appartements gratuits sont attribués par les personnes qui, ont contribué par leurs dons, à la fondation de la Société.

Ces habitations sont beaucoup trop petites, surtout pour les familles avec de nombreux enfants; mais les logements d'une seule pièce ne sont jamais loués qu'à de vieilles femmes seules, à des veuves ou à des divorcées. Si un locataire désire déménager et par là résilier le contrat, on lui rend une partie assez importante du loyer déjà payé. Tous les locataires sont tenus à être membres d'une caisse de secours mutuels en cas de maladie, et d'une caisse d'assurances contre l'incendie, administrées par la direction.

La Société comprend à peu près 4.000 membres et possède près de 120.000 francs.

SOCIÉTÉ DE CONSTRUCTION DES OUVRIERS.

Quoique la plus grande et la plus connue des Sociétés d'habitations ouvrières ait été, à plusieurs reprises, l'objet d'articles dans les Bulletins de la « Société française des habitations à bon marché » et en dernier lieu dans le n° 3 de 1899, nous en ferons ici un exposé sommaire pour compléter ces quelques considérations sur la question en cause.

On sait donc que la Société se fonda en 1865 sur l'initiative d'un médecin, M. F. F. Ulrich, qui, dans une conférence, exposa les grands avantages moraux et hygiéniques attachés à la construction de petites habitations ouvrières bien aménagées et pouvant peu à peu devenir la possession des ouvriers. Cette conférence attira l'attention et donna lieu peu de temps après parmi les ouvriers des grandes usines de constructions navales et de la fabrique de machines de Burmeister et Wain, à une réunion à laquelle fut invité M. le docteur Ulrich, et où ladite Société se fonda sur le champ.

Le but principal de la Société était de construire de petites maisons capables de devenir la propriété de ses membres. Un conseil de direction de sept membres se fonda. Le vice-président de la Société fut M. le docteur Ulrich qui, à ce titre et avec un zèle toujours croissant et une habileté rare, a dirigé la Société pendant vingt-deux ans dans une voie prospère.

Pour exécuter le projet, on décida le jour même de la fondation que les membres, alors au nombre de 200, auraient à payer 0 fr. 50 par semaine, outre une cotisation d'entrée d'environ 2 fr. 80. Après dix ans de versements réguliers, chacun deviendrait propriétaire d'une maison. On procédait au tirage au sort en présence du notaire public. Les membres qui ont payé au moins 28 francs et qui ont été membres six mois peuvent seuls participer aux tirages, mais s'ils font des versements extra, ils peuvent encore plus rapidement profiter des mêmes avantages. Si un membre gagne une maison, mais ne désire pas l'occuper, il peut céder son droit à un autre membre, concession pour laquelle des sommes assez importantes ont souvent été payées.

Cependant les membres peuvent, après avoir versé pendant dix ans leur cotisation hebdomadaire, exiger leurs versements avec les rentes échues. Une telle somme s'élève à environ 300 francs; les cotisations hebdomadaires, pendant ce temps, ne s'élevant en réalité qu'à 250 francs, on voit que la Société fonctionne comme une bonne caisse d'épargne. Le remboursement de telles sommes économisées n'est pas rare pour la Société; il s'éleva par exemple, en 1899, à 365.000 francs. Mais il va sans dire que, tandis qu'au bout de dix ans on n'exige qu'un mois de notification pour recevoir son dû, on exige plus tard une année d'avis, afin que la Société ne soit pas forcée à trop court délai de fournir à l'improviste de trop grosses sommes. Pour différents membres qui ont souscrit plusieurs parts, ces remboursements ont été la source de grands profits. Pour obtenir le remboursement de la valeur dont nous venons de parler, la contribution hebdomadaire de dix ans est absolument exigée, les cas de mort font seuls exception à cette règle. L'héritier légitime peut alors, indépendamment du temps pendant lequel le défunt a été membre recevoir toute la somme déposée à son compte. La Société se constitue de cette façon comme une sorte de caisse de secours d'enterrement. En cette qualité-là elle a payé en 1899, aux héritiers des membres décédés environ 28.000 francs.

On ne peut craindre sérieusement qu'un homme s'inscrivant membre ait de la difficulté à payer les cotisations fixées, car, d'abord, la plupart des ouvriers peuvent, grâce à un peu d'économie, se passer de ces 0 fr. 50 c. par semaine; ensuite, en cas de maladie, de chômage, etc., la Société accorde un délai de versement, et, en dernier lieu, les membres peuvent faire ces versements d'avance et profiter des moments où ils sont dans l'aisance, s'assurant ainsi contre les mauvais jours.

Un procédé très fréquent est le suivant : les parents inscrivent membres leurs enfants afin qu'ils puissent, au moment de leur première communion, toucher une bonne somme pour aider à l'habillement d'usage.

Sur les bases indiquées ci-dessus, la Société a progressé sûrement et fermement depuis sa fondation et a créé une œuvre dont voici les résultats.

Le 1ᵉʳ janvier 1900, la Société comptait 13.990 membres dont les cotisations hebdomadaires s'élevaient, avec le temps, à 8.013.800 francs environ. Jusqu'à ce jour, ils avaient reçu les intérêts de 1.381.600 francs, et la Société leur avait remboursé 3.877.100 francs, tandis que les fonds de la caisse de réserve et celle de secours s'élevaient respectivement à 377.500 et à 55.500 francs.

1.170 maisons sont achevées et 56 autres sont en construction et doivent être finies dans le courant de l'année.

Une telle entreprise a été menée à bonne fin avec le secours des cotisations des membres qui, au début, n'étaient que médiocres; néanmoins on a réussi à employer près de 14 millions de francs pour les maisons déjà construites. De cette somme, 7.428.000 francs sont déjà déduits, de sorte que les dettes de la Société s'élèvent à 6.572.000 francs.

La seule aide que la Société ait reçue de mains étrangères pour pouvoir déployer une activité si grande consiste dans quelques modérations des droits de timbres. En outre, conformément à la loi du 26 février 1898 et aux conditions habituelles, elle a reçu un prêt s'élevant à 250.000 francs contre hypothèque sur une série de maisons.

Ces constructions nombreuses sont dispersées en sept endroits à Copenhague et dans sa banlieue la plus proche; elles sont pour la plupart isolées et bien aérées. Toutes sont construites en rangées attenantes formant des rues plus ou moins longues et sont munies de petits jardins sur la rue donnant à chaque groupe une note gaie et proprette. Toutes les maisons ont deux étages avec une ou deux mansardes et cave. Chaque maison contient deux logements qui comprennent presque tous une entrée, deux pièces, avec dépense, cuisine et dépendances.

Elles sont toutes en briques jaunes avec différentes parties décoratives le plus souvent rouges ; les toits sont couverts en ardoises.

Dans le cours des années, on a heureusement opéré plusieurs changements de construction et autres qu'exige le temps ; de même on a jusqu'à un certain point varié les types des maisons pour leur donner extérieurement un aspect plus gai et plus attrayant.

Comme suite de ces heureuses conditions, mentionnons de plus que la mortalité dans les maisons de la Société n'a été que 12,6 0/00, tandis que dans le même espace de temps elle a été dans tout le reste de Copenhague de 18,7 0/00, ce qui montre clairement l'avantage d'habiter de telles petites maisons confortables et saines au lieu des grandes casernes surpeuplées qui contiennent en outre de si grands dangers pour leurs locataires.

Pour finir, voici comment on peut dresser la situation économique d'un membre gagnant une maison à deux logements :

Somme que coûte à la Société la maison gagnée et pour laquelle celle-ci est cédée au gagnant environ 10.270 francs.

Redevance annuelle à payer à la Société . . . . Fr. 734
Revenu évalué du loyer 666

RESTE . . . . Fr. 68

laquelle somme le locataire aura à payer durant vingt-sept ans et qui, avec les intérêts composés s'élève à environ 3.330 francs.

Cette somme comprend donc ce que le propriétaire, en plus des dépenses d'entretien, a versé pour une maison évaluée 10.270 francs.

« ARBEIDERHJEM » DE FREDERIKSBERG

(Le foyer des ouvriers).

En 1874, se fonda à Frederiksberg une Société dans le but de procurer des logements gratuits aux personnes appartenant à la classe ouvrière et en même temps de travailler à la construction de bonnes habitations à bon marché pour cette classe et autant que possible d'aider à l'entretien des ouvriers et ouvrières jugés méritants. Les débuts de la Société ne donnèrent pas grand espoir ; une propriété achetée en 1877 et contenant 13 logements et 3 magasins ne remplit pas le but désiré et la vie de la Société s'écoula dans un tel état de langueur que pendant plusieurs années on ne tint pas de comptes et qu'aucune assemblée générale n'eut lieu. Plus tard, on réussit pourtant à améliorer les choses. Ladite propriété fut vendue, et peu à peu on éleva sur deux terrains différents, de 1.600 mètres carrés chacun, trois petites constructions sur l'un et une grande sur l'autre.

Toutes les maisons comprennent une cave, un rez-de-chaussée et quatre étages. L'ensemble des trois petits bâtiments contient quarante logements de deux pièces et cuisine et seize logements d'une pièce et cuisine ; à chacun d'eux appartient un bûcher; le grenier et la buanderie sont communs à huit logements. Dans la grande construction, on trouve quarante logements de trois pièces et cuisine, bûcher et décharge, buanderie et grenier communs à dix logements. Deux des logements sont destinés à servir de magasins et chaque logement du rez-de-chaussée a droit à un carré de jardin.

Le loyer varie de la façon suivante d'après la grandeur et la situation :

Logements d'une pièce, de 110 à 160 francs par an.

Logements de deux pièces, de 200 à 270 francs par an.

Logements de trois pièces, de 280 à 330 francs par an.

Les logements attenant aux magasins coûtent 410 francs.

Le loyer baisse pour les logements, de deux et trois pièces, de 9 francs par an les quatre premières années, et pour les logements d'une pièce de 5 francs par an, après quoi le loyer reste stationnaire. Cependant cette diminution n'est accordée qu'aux membres de la Société, prérogative qui amène naturellement tous les locataires à se faire membres au plus vite.

Le nombre total des habitants est d'environ 300 dont 126 enfants ; la plupart d'entre eux sont des ouvriers de différents corps de métiers, cochers de tramways ou autres petits fonctionnaires, ou leurs veuves.

Il est rare que quelqu'un déménage et les locataires maintiennent convenablement la propreté et l'ordre, et se considèrent en réalité comme habitant leur propre maison.

Parfois, pour ne pas donner congé à un membre quand un logement gratuit doit être accordé, on a été obligé d'allouer une indemnité en argent jusqu'à ce qu'un logement soit libre, mesure qui n'a jamais fait naître de mécontentement. Déjà en 1886, le premier logement gratuit fut accordé, et maintenant on en a déjà donné 12.

La Société possède, en plus du fonds d'emprunt de 1.000 francs, une fortune d'environ 75.000 francs, tandis que la valeur estimative des propriétés se monte à 430.000 francs. Cet état de fortune satisfaisant est dû en partie à la chance que la Société à eue dans ses acquisitions de terrains et dans ses entreprises de construction ; et en partie aux prêts de l'État sur première hypothèque à 4 0/0, dont 3 0/0 de rentes et le reste d'acomptes, (d'après la loi du 26 février 1898.) La commune de Frederiksberg répond des emprunts, en qualité de caution responsable.

En outre, des legs et une Caisse d'épargne ont fourni des contributions annuelles, et enfin on est parvenu à réunir un cercle d'environ 350 membres dont une partie à payé environ 70 francs une fois pour toutes, tandis que le reste donne 5 fr. 50 par an et pourra cesser de payer ce contingent au bout de dix ans sans perdre leur droit de membre, ce dont cependant on ne profite généralement pas.

C. — **Institutions plus récentes**.

Nous parlerons à présent un peu plus amplement d'une partie des Sociétés fondées dans les dernières années et principalement de quelques-unes de celles auxquelles la loi du 26 février 1898 a profité.

SOCIÉTÉ DE CONSTRUCTION « GODTHAAB »

(Bonne-Espérance).

Au printemps de 1898 fut fondée cette Société, ayant pour but d'abord de construire une maison à l'usage de chaque membre sur le terrain que la Société avait désigné d'avance à « Sundbyerne » dans l'île de Amager, commune voisine de Copenhague, puis d'avoir soin que les membres fassent promptement face à leurs obligations à l'occasion de l'entreprise de construction, de sorte qu'ils ne courent autant que possible aucun risque de rien perdre à ce sujet. Les fondateurs de cette Société étaient cinquante ouvriers, pour la plupart occupés à l'arsenal ; mais comme beaucoup de membres ont changé de position, un petit nombre seulement y est occupé.

D'ailleurs, la Société a pour objet :

1º De garantir ses membres contre les pertes occasionnées par la responsabilité solidaire ;

2º D'accélérer les acomptes des dettes solidaires en encourageant ses membres à payer des acomptes extra;

3° D'assurer à ses membres autant que faire se peut, la possibilité de devenir propriétaires, après avoir dû renoncer au projet primitif d'après lequel chacun aurait eu de suite la propriété de sa maison, parce que l'État exigeait que la Société eût la qualité de propriétaire.

La Société fixa d'abord la cotisation hebdomadaire à 1 fr. 40 c., chiffre qui ne tarda pas à doubler. Si cette cotisation n'entre pas tout entière dans le budget de l'administration, elle servira de fonds de réserve à la Société. On décida que les membres n'auraient à leur charge aucune responsabilité d'importance avant que les maisons fussent terminées.

On acquit le terrain ci-dessus indiqué, d'environ 20.000 mètres carrés, moyennant 70 centimes le mètre carré, et les membres eurent la liberté de choisir une maison de 2 ou 3 pièces et dépendances. Celles-là furent choisies par 28 membres, celles-ci par 22, mais toutefois, après ce choix, les maisons devaient être tirées au sort respectivement. Les travaux préliminaires furent terminés très vite, après quoi l'on fit un contrat avec un entrepreneur aux conditions suivantes :

1° L'entrepreneur prit acte de vente du terrain en payant de suite 14.000 francs ;

2° Il devait construire environ 340 mètres de routes avec égouts et bâtir 50 maisons avec cave, rez-de-chaussée, premier étage et mansarde avec logements ayant le nombre susdit de pièces, et disposées de telle sorte que deux maisons de chaque espèce aient un pignon mitoyen ;

3° A mesure que les maisons sont couvertes, l'entrepreneur y fera des emprunts de construction qui serviront en premier lieu à payer à la Société les dépenses qu'elle a eues à l'occasion de l'affaire en dehors de l'entreprise ; le reste appartiendra à l'entrepreneur ;

4° Quand l'ouvrage sera terminé et livré, la Société recevra un titre de propriété des 50 lots avec leurs maisons dans lesquels le terrain est divisé ;

5° Après l'achèvement, on consentira hypothèques et, de la sorte, l'emprunt de construction et toutes les dépenses de la Société seront payées, tandis que le reste appartiendra à l'entrepreneur ;

6° Le montant que l'entrepreneur ne réussira pas à couvrir ainsi restera en hypothèques sur la maison à 5 0/0 et sera payé par des acomptes annuels de 140 francs par maison, le premier acompte ayant lieu six mois après la livraison ;

7° Les membres sont solidaires vis-à-vis de l'entrepreneur.

Grâce à ce règlement, tous les risques incomberont à l'entrepreneur et les membres obtiendront la livraison de leurs maisons sans avoir à payer un centime de plus que n'exigeait le contrat.

Comme nous l'avons dit déjà, toutes les maisons doivent avoir deux étages, outre les caves et les mansardes ; les caves serviront de bûchers aux différentes familles de la maison et il y aura en outre une buanderie commune et un petit atelier ; toutes les mansardes seront disposées en logements, de sorte, que chaque section d'une maison double contiendra 3 familles.

Chaque logement comprendra deux ou trois pièces, outre une entrée et une cuisine avec dépense ; leurs dimensions dans les différents types de maisons sont les suivantes :

Dans les logements de 2 pièces :

Entrée, 1 mètre $\times$ $3^m,10$; cuisine $3^m,10$ $\times$ 3 mètres.
Chambres, $3^m,77$ $\times$ $3^m,43$ et $3^m,77$ $\times$ $4^m,70$.

Et dans les logements de trois pièces :

Entrée, $1^m,10$ $\times$ $3^m,30$; cuisine, $2^m,82$ $\times$ $2^m,80$.
Chambres, $3^m,22$ $\times$ $3^m,77$; $4^m,55$ $\times$ $3^m,87$ et $\times$ 3,77.

Chaque habitation aura des fenêtres vers deux points cardinaux ; toutes les pièces seront chauffées par des poêles et on installera le gaz et l'eau dans toutes les habitations.

Les façades seront construites en briques rouges et les toits couverts en une sorte de tuile romaine. Les maisons seront bâties de chaque côté d'une avenue traversant le terrain et à chaque lot appartiendra 400 mètres carrés, dont la partie libre servira de cour et de jardin.

Avec le terrain, les constructions des maisons et des chaussées, etc., les petites maisons coûteront à la Société 14.000 francs, et les grandes 17.400 francs ; l'achèvement de la construction sera très prochain.

Pour contribuer à la réussite de l'entreprise, l'État (voir loi du 26 février 1898) a prêté sur hypothèque 530.000 francs.

Le rapport des propriétés peut être établi de la façon suivante :

Dépenses pour une maison à logements de 3 pièces.

Intérêts à 4 0/0 . . . . Fr.	480
— 5 0/0	260
Acomptes à l'entrepreneur.	140
Impôts et réparations.	140
TOTAL . . . . Fr.	1.020

Comme la location des maisons n'est pas tout à fait réglée encore, on ne saurait fixer qu'approximativement les revenus du loyer, mais il est bien probable que chaque étage entier pourra être loué par an environ 485 francs. Si le membre habite lui-même la mansarde, il aura en plus de celle-ci une petite et le jardin moyennant environ 50 francs par an, payant en même temps un acompte des dettes à l'entrepreneur et 120 francs à l'État et en augmentant.

Dépenses pour une maison à logements de 2 pièces.

Intérêts à 4 0/0	Fr.	380
— 5 10/0		220
Acomptes à l'entrepreneur		140
Impôts et réparations		110
Total	Fr.	850

On espère que deux étages entiers rapporteront 660 francs les deux et aux mêmes conditions que ci-dessus. Le propriétaire aura donc sa demeure avec les dépendances moyennant 190 francs par an, y compris les acomptes à l'entrepreneur et à l'État. La situation sera proportionnellement plus avantageuse pour les grandes maisons, mais il ne faut pas oublier que les acomptes pour les petites maisons sont relativement plus élevés.

Il est pourtant à remarquer que ceux des membres qui installent des magasins dans les sous-sols auront dans leur budget une balance plus favorable.

La mise en hypothèque n'ayant pas encore eu lieu, on ne peut fixer le redû de l'entrepreneur, et par conséquent on ne peut dire à quelle époque il sera payé.

Il y a des règles très sévères, édictant qu'en cas de déficit, la Société mettra la propriété sous administration privée.

Vu l'état économique actuel, on s'attend à ce que tous les membres aient reçu un titre de propriété et que toutes les obligations solidaires soient éteintes dans dix à douze ans au plus tard.

SOCIÉTÉ DE CONSTRUCTION
DES 100 OUVRIERS « ENIGHED » (*Égalité*).

Au nombre des sociétés ayant profité des emprunts publics avantageux pour les habitations ouvrières, il faut citer celle des « 100 ouvriers Enighed ». Plusieurs circonstances heureuses ont rendu possible la construction d'un assez grand nombre d'habitations ouvrières bien organisées, aux environs de Copenhague, près de Frederikssundsvei, à une demi-heure de la gare de « Nörrebro ».

L'histoire de cette entreprise remonte à une Société ouvrière fondée dans le but de procurer aux membres de petits jardins à cultiver. Ce sont ces efforts communs et cette collaboration qui firent naître le désir plus hardi de s'établir dans sa propre maison, et le 17 juillet 1897, on fonda la Société ci-dessus nommée, dans le but d'acheter un terrain assez étendu pour y construire 100 habitations ouvrières.

A une époque où la spéculation n'avait pas encore gagné les terrains des environs de la capitale, on eut la bonne chance d'acquérir à peu près 36.000 mètres carrés, moyennant la somme assez modérée de 41.200 francs, soit à peu près 1 fr. 15 le mètre carré. Le terrain fut divisé en cent parts égales, lesquelles furent attribuées aux membres par tirage au sort. La grande difficulté était de se procurer les moyens nécessaires pour bâtir. Le premier petit capital fut formé en décidant que les membres auraient à payer 2 fr. 80 en 38 semaines consécutives, et plus tard 1 fr. 40 par semaine jusqu'à ce que les maisons fussent construites ; mais, par ce procédé, les fonds ne seraient venus que très lentement et un secours fort important se présenta naturellement sous la forme des emprunts publics, avantageux. Vers la fin de 1898, la Société reçut la promesse d'un emprunt sur première hypothèque à concurrence de 60 0/0 de la valeur estimative des immeubles, sans pouvoir dépasser toutefois 500.000 francs. Ce qui favorisa énormément le désir qu'on avait de trouver un capital suffisant, fut que, sur ces entrefaites, la valeur du terrain avait considérablement augmenté et qu'il pouvait être estimé 7 francs le mètre carré, ce qui constituait une augmentation de fortune de 200.000 francs qui influa proportionnellement sur l'importance de l'emprunt public.

Puis les communes de « Bröndshöj-Rödovre », dans les districts desquelles l'entreprise était située, se chargèrent moyennant une deuxième hypothèque de construire les routes, les égouts, etc., pour une somme de 30.000 francs, à la condition qu'une seule famille s'installerait dans chaque maison et, en dernier lieu, vingt particuliers prêtèrent une somme de 28.000 francs sur quatrième hypothèque, moyennant 4 0/0 d'intérêts. Comme troisième hypothèque, furent déposés les 55.500 francs, provenant du versement de l'entrepreneur. De cette façon, l'argent nécessaire à la réalisation de l'entreprise était assuré et on pouvait se mettre en devoir de commencer la construction des habitations qui auraient dû être prêtes pour l'emménagement au printemps de 1900, mais qu'on fut obligé de retarder à cause du « lock-out » de 1899.

Sur le terrain acquis, dont une partie servira de routes, on a élevé cinquante maisons doubles. Chacune de ces deux maisons comprend, outre le premier et un étage mansardé, une petite cave avec écoulement. Au rez-de-chaussée se trouvent deux pièces de $3^m,53 \times 4^m,16$ et de $3^m,43 \times 3^m,92$, sans compter une cuisine spacieuse. De l'entrée monte un escalier à rampe d'acajou et avec fenêtres, menant aux mansardes; celles-ci comprennent encore deux pièces dont l'une cependant ne prend jour que par une lucarne. Chaque lot du terrain sera d'environ 285 mètres carrés, dont 240 mètres carrés de jardin. Le chauffage des maisons se fait par des calorifères d'un système nouveau; un seul calorifère chauffe toute la maison; et par là on est à même de régler à son gré la répartition de la chaleur dans chaque pièce.

Deux des maisons ont un aspect différent, étant destinées à servir de magasins pour fournir aux besoins des habitants.

Situées dans un milieu assez champêtre, coupées de larges chaussées, les gentilles maisons, chacune entourée de sa cour et de son jardin, font une impression aimable. Elles sont toutes semblables extérieurement; les murs sont blancs; seule la toiture, faite d'une pierre de la nature du ciment, est de couleur variable (jaune, rouge, bleu, blanc et vert), ce qui donne à la petite colonie un aspect de gaieté. Il y a partout des conduits de gaz et d'eau, ainsi que des cabinets situés dans les cours. Comme particularité, nous pouvons noter que les ouvriers en bâtiments parmi les membres ont fait eux-mêmes besogne d'architectes.

Quant à la dépense nécessaire au paiement des intérêts et de l'acompte pour chacune des maisons, nous donnerons les détails suivants :

	Francs.	0/0	Intérêts. Francs.	Acomptes. Francs.
Emprunt public	5.000 "	3	150 "	50 "
Emprunt de la commune de Bröndshoj	306 "	4	12 24	30 60
Note d'ouvriers.	560 "	5	28 "	56 "
Fonds privé	280 "	4	11 20	" "
Total	6.146 "		201 44	136 60

Si l'on compte environ 28 francs pour les impôts et réparations, les dépenses annuelles s'élèveront à 366 francs ou 30 fr. 60 par mois, dont à peu près 140 francs par an pour l'amortissement; donc le loyer réel sera d'environ 19 fr. 60 par mois, somme très modérée pour de si bonnes habitations d'ouvriers. Au bout de cinq ans, on commencera pour le fonds privé un amortissement de 10 0/0 du capital.

Les membres de la Société sont tous des ouvriers mariés, mais appartenant à des métiers très différents : les menuisiers au nombre de 14, les charpentiers de 9, les forgerons de 6, les tailleurs de 4 et les pompiers de 4 ; les autres ouvriers appartiennent à 23 différents métiers, outre des journaliers de différentes branches.

Le nombre des enfants des familles est de 201, dont 98 au-dessous et 103 au-dessus de sept ans.

SOCIÉTÉ DE CONSTRUCTION DES OUVRIERS DE L'USINE A GAZ DE « FREDERIKSBERG ».

Il y a presque deux ans que les ouvriers de l'usine à gaz de « Frederiksberg » ont fondé une Société dans le but d'élever autant de maisons ouvrières que la Société compterait de membres, de les administrer et, si les conditions nécessaires y étaient, de construire un bâtiment destiné à une Société coopérative de consommation, à un établissement de bains et à des établissements analogues.

Plus tard, les maisons deviendront la propriété particulière de chaque membre, si toutefois la propriété en commun n'est pas arrêtée d'avance.

Les ressources de la Société sont :

1° La cotisation des membres, fixée à 1 fr. 40 par semaine;

2° Le crédit des membres et de la Société ;

3° Les bénéfices de l'administration.

Les membres sont solidairement responsables des engagements de la Société ; par contre, celle-ci n'est pas responsable des dettes de chaque membre en particulier.

Chaque maison doit se composer de deux logements identiques ; l'un d'eux est destiné à la location qui aura lieu après que l'administration communale en aura reconnu le règlement, de sorte que les logements soient loués de préférence à certaines classes d'ouvriers autorisés à être admis comme membres. Outre d'autres obligations auxquelles ceux-ci doivent naturellement se soumettre, chaque membre est obligé, s'il est dans son pouvoir de le faire, de s'inscrire membre d'une caisse de secours en cas de maladie, autorisée par l'État.

Après bien des difficultés, on parvint enfin, l'hiver dernier, à pouvoir considérer le but de la Société comme assuré, et la construction des maisons fut tout de suite entreprise avec activité. On réussit à acquérir un terrain convenable de 55.000 mètres carrés entre ville et campagne, à dix minutes de l'usine à gaz, près des lignes de tramways et du beau jardin de Frederiksberg. Le prix du terrain était de 4 fr. 40, par mètre carré. En outre on a le droit d'acquérir un vieux jardin planté d'arbres fruitiers d'une superficie de 1.800 mètres carrés, adossé au terrain principal, et qu'on achèterait ou louerait éventuellement pour servir de place de jeux aux enfants.

A l'origine, on avait décidé que le nombre des membres s'élèverait à 100, mais comme le terrain en question ne permettait que la construction de 97 appartements, y compris l'étendue située en terrain vague et déterminée d'avance, ainsi que la place nécessaire à l'érection d'un bâtiment destiné à une Société coopérative de consommation, on fut obligé d'en réduire le nombre. La répartition des différents terrains entre les membres est faite par tirage au sort. On a été forcé, vu la forme très difficile et très irrégulière du terrain mentionné, d'entreprendre de grands travaux de remblais pour établir les égouts nécessaires. Les frais de ces travaux, la construction des routes, leur plantation, etc., s'élèveront à peu près à la somme considérable de 100.000 francs. Le morcellement du terrain a été fait de façon que chaque locataire ait 370 mètres carrés, dont le terrain libre servira de jardin et de cour ; mais à cause de la forme, il a fallu introduire différents changements dans le chiffre. Outre les terrains déjà déterminés, ou projetés, à l'usage commun, on a indiqué des emplacements moins considérables pour l'établissement de tonnelles, etc.

En projetant les constructions, on a suivi la règle que voici : les maisons se bâtissent deux à deux autour d'un pignon mitoyen, formant entre elles un axe symétrique ; mais ici, également, la forme du terrain a nécessité certains écarts du projet primitif, de sorte que quelques-unes des maisons sont isolées. Toutes les maisons ont un rez-de-chaussée et une mansarde construite de façon à présenter intérieurement presque l'aspect d'un étage ordinaire. Chacun des deux logements que contient chaque maison comprend une entrée de $1^m,10 \times 2^m,20$, trois pièces respectivement de $3^m,90 \times 3^m,30$; $3^m,90 \times 3^m,80$, et $3^m,90 \times 4$ mètres, une cuisine de $2^m,90 \times 2^m,20$, une dépense et une vaste armoire munie d'une fenêtre ; cette dernière était à l'origine destinée aux cabinets d'aisances, destination écartée à l'unanimité par l'Assemblée générale, de sorte qu'il a bien fallu reléguer ces cabinets dans la cour sous forme de petits édifices. C'est à une grande majorité qu'on écarta aussi l'idée d'ouvrir un établissement de blanchissage commun et que l'on décida d'élever dans les cours des buanderies communes à l'usage de quatre familles, par conséquent à celui de deux maisons. En même temps que ces buanderies, on éleva les cabinets, le bûcher et un réduit pour les ordures, etc. Mais ces décisions occasionnèrent à la Société une dépense supplémentaire de 70.000 francs.

Les logements sont disposés de sorte que chacun ait des fenêtres au moins vers deux points cardinaux; le gaz et l'eau sont installés dans chaque logement et toutes les pièces peuvent être chauffées, la moitié au moyen de poêles, spécialement construits pour la Société, prenant l'air soit du vide situé sous le plancher, soit des couches d'air inférieures; par ce moyen, on espère éviter le froid ordinaire du plancher.

Les maisons sont tenues dans le style dit « Style de Château » et sont très décoratives, blanches à toits rouges, dont les façades sont variées de différentes façons pour éviter l'uniformité. Les routes, les places seront, comme nous l'avons déjà dit, plantées d'arbres.

Les maisons sont en voie de construction, mais cependant les travaux ont été retardés par trois mois et demi du « lock-out » et par les obstacles résultant de l'hiver. Cependant, on espère pouvoir occuper les premiers logements au printemps de 1900, tandis que tout l'établissement sera livré aux locataires avant l'hiver 1900. Tous les travaux, sauf la livraison des articles de fonte, ont été confiés à un entrepreneur général qui, comme on le sait, est personnellement intéressé dans l'affaire. Le prix principal de chaque moitié d'une telle double maison, tout compris, est de 9.900 francs; cependant à cette somme il faudra ajouter, dans la plupart des cas, un supplément de prix pour des fondations plus profondes, etc.

La maison ci-dessus mentionnée, destinée à la Société coopérative de consommation est aussi en voie de construction. Elle tiendra lieu d'introduction à l'établissement, sa façade principale devant donner sur le chemin principal qui sera planté de différentes manières. Il se composera d'un corps de bâtiment assez imposant à deux étages, d'une cave partielle et de deux ailes demi-circulaires à un étage et se terminant par deux pavillons construits à l'instar de tours. Il comprendra huit magasins avec leurs dépendances ainsi que des habitations pour les commerçants qui ne sont pas membres de la Société. Les travaux de ce bâtiment ont été confiés par adjudication publique à différents entrepreneurs, et les frais, y compris ceux des dépendances des magasins et frais analogues, s'élèveront à environ 102.000 francs.

La situation financière de l'établissement peut être présentée comme suit :

On pense que la construction coûtera environ 1.400.000 francs et sera évaluée environ 1.700.000 francs. Une institution publique fournira 833.000 francs sur hypothèque non amortissable. La deuxième hypothèque de 50 0/0 à 60 2/3 0/0 de l'évaluation sera fournie par emprunt à la Caisse d'État, d'après la loi du 26 février 1898.

En outre, 140.000 francs seront produits de la même façon, mais sous la garantie de l'administration municipale de Frederiksberg ; le reste sera couvert en partie par une troisième hypothèque à 5 0/0 l'an, en partie par un emprunt privé de 100.000 francs promis par un philanthrope connu, tandis que l'entrepreneur général se charge du reste de la somme contre des annuités.

Les propriétaires de la « Société anonyme de l'usine à gaz de Frederiksberg » ne fournissent aucun concours.

Le loyer étant jusqu'à nouvel ordre fixé à 31 fr. 25 par mois pour la mansarde et à 34 fr. 72 pour le rez-de-chaussée, on pense pouvoir disposer le budget annuel de la façon suivante :

Revenus.

Location payée par les membres. . . . . Fr.	40.000	»
— — locataires non membres.	45.000	»
— des magasins	11.000	»
Fr.	96.000	»

Dépenses.

Impôts, vidanges, etc., environ. . . . . Fr.	8.300	»
Rentes de la première hypothèque	33.000	»
— — deuxième —	12.500	»
— — troisième —	7.300	»
Administration, entretien, etc.	8.300	»
Fr.	69.400	»

Bénéfice pour l'amortissement des dettes, etc., 26.680 francs.

Grâce à un tel amortissement, les hypothèques secondaires seraient amorties en 15 années. Cela fait, on pourra répartir les intérêts de la première hypothèque sur toutes les maisons qui seront mises à la disposition des membres de la Société. Mais, même après cette prise de possession, on a l'intention de maintenir éventuellement la Société pour l'exploitation commerciale, ou tout au moins, pour examiner et contrôler les dispositions des membres en ce qui concerne les maisons.

SOCIÉTÉ DE CONSTRUCTION DES OUVRIERS DE « VALBY ».

Cette Société a été fondée par des ouvriers de « Walby », faubourg de Copenhague, dans le but d'acquérir un terrain convenable à Valby ou dans son voisinage, de le diviser en lots convenables, d'y construire des bâtiments d'après un plan commun et d'administrer les propriétés jusqu'à ce qu'elles soient devenues propriétés particulières des membres.

Les ressources de la Société à cet égard sont :

1° Le premier versement et la cotisation des membres, 2 francs par semaine ;

2° le crédit personnel des membres ;

3° les bénéfices de l'administration de la Société.

Les membres de la Société sont non seulement responsables vis-à-vis des tiers, mais encore des obligations des membres vis-à-vis de la Société.

Le plan de l'opération est celui-ci : à mesure que les constructions se font, on donne aux membres de la Société les terrains moyennant le prix d'achat, plus la quote-part des frais des routes, des égouts, etc., et d'ailleurs à certaines conditions fixées d'avance. On établit ensuite des contrats d'achat pour les propriétés louées, et au moment où ce qui est dû à la Société sera payé, non compris les prêts hypothécaires fixes, publics ou privés, la Société est obligée de délivrer audit membre un titre de propriété de l'immeuble ; le membre aura lui-même à payer les frais de cet acte ; en des circonstances particulières, la Société pourra cependant payer les dépenses en les prélevant sur la Caisse de la Société, pour être remboursées plus tard.

Après que l'État eut garanti l'emprunt de 416.000 francs, conformément à la loi du 26 février 1898, on acquit un terrain de 44.000 mètres carrés, isolé et sans constructions avoisinantes pour le prix de 51.400 francs. On dressa aussitôt le plan des maisons ; on décida que chaque maison aurait deux étages, et que les appartements se composeraient de 3 pièces, respectivement de $3^m,13 \times 5^m,33$, de $4^m,10 \times 4^m,40$ et de $3^m,14 \times 4^m,10$, d'une entrée de $1^m,10 \times 4^m,10$, d'une cuisine de $2^m,20 \times 3^m,14$, et d'une dépense à chaque étage, d'un petit sous-sol pour chaque famille, d'un grenier, d'un bûcher et d'une décharge et, au grenier, d'une buanderie commune. Enfin quelques-un des membres ont établi ou pensé établir à leurs propres frais de petits magasins dans le sous-sol, qui seront sans doute d'assez bon rapport.

La règle suivante servira de base à la construction : les maisons se bâtissent deux à deux autour d'un pignon mitoyen, mais la forme du terrain, qui est triangulaire, a nécessité certaines exceptions. Après la construction de routes et l'établissement d'une place de jeux située d'une façon centrale, il restera pour chaque maison une superficie de 460 mètres carrés, dont la partie nord construite servira de cour et de jardin. La place et les routes seront plantées d'arbres et les maisons blanches coupées de quelques bandes rouges et couvertes d'une sorte de tuile romaine. Sur le plan, les pièces sont groupées de sorte que chaque appartement ait des fenêtres vers deux points cardinaux. Les conduites de gaz et d'eau, avec tout ce qui leur appartient, sont posés à chaque logement et toutes les pièces sont chauffées par des poêles ordinaires. Les façades seront, quoique semblables, assez variées pourtant pour éviter la trop grande uniformité.

Le nombre des membres de la Société est de 81 et l'on a l'intention, au fur et à mesure que la situation s'améliorera, de construire un assez grand nombre de maisons pour que chaque membre ait la sienne. Jusqu'aujourd'hui 17 maisons sont en voie de construction, et on incline à croire qu'il sera possible d'en élever 40, grâce au prêt dû à l'État. Pour le reste des édifices, 41, on espère bien qu'ils seront construits avant la fin de l'année 1901.

Par adjudication publique, un seul entrepreneur a été chargé du travail concernant la construction des maisons, abstraction faite d'un petit fonds dû à l'économie des membres et employé en partie à l'acquisition du terrain ; ledit entrepreneur aura à sa disposition le montant dû à l'État, tandis qu'il laissera dans l'entreprise le montant restant en deuxième hypothèque avec 5 1/2 0/0 d'intérêts et d'annuités dont le 1/2 0/0 servira d'acompte. Il est de la sorte fortement intéressé au progrès économique et avantageux de l'entreprise.

En se basant sur la présente enchère d'entreprise, on pourra fixer les dépenses qu'entraînera chaque maison de la Société avec ses dépendances ainsi qu'il suit :

Frais de construction	Fr.	12.260	»
Quote-part des dépenses pour la construction des routes et égouts.		635	»
Quote-part de l'achat des terrains.		635	»
Différents frais d'administration		830	»
Total	Fr.	14.360	»

Pourvu qu'au moment de la constitution d'hypothèque, chaque propriété, ce qu'on espère bien, soit évaluée 20.000 francs, on obtiendra :

Crédits fournis par l'État.	Fr.	12.000	»
Hypothèque de l'entrepreneur.		2.360	»
Total.	Fr.	14.360	»

La somme annuelle des hypothèques s'élèvera à :

4 0/0 des fonds de l'État, dont 1 0/0 d'annuités	Fr.	483	33
2ᵐᵉ hypothèque à 5 1 2 0 0 dont 1 2 0 0		304	72
Intérêts et annuités.		788	»
auxquels s'ajouteront différents impôts, soit		66	»
Total	Fr.	854	»

somme qu'on espère retirer du loyer. tout en laissant au propriétaire la charge des frais d'entretien.

Le budget est fixé de telle sorte qu'à l'expiration des douze premières années, les rentes annuelles et l'amortissement baissent d'environ 14 francs par semaine.

Les renseignements qui précèdent se réfèrent aux principales Sociétés de la capitale, que la loi du 26 février 1898 a contribué à développer.

En effet, la plus grande partie des fonds a été mise à la disposition des Sociétés de Copenhague et de ses environs les plus proches ; deux Sociétés seulement dans les provinces sont, comme nous l'avons dit, entrées en considération, savoir, une à Fredericia, à laquelle on a promis une subvention de l'État d'environ 42.000 francs et une autre à Aalborg. Nous ferons de cette dernière l'objet d'une étude plus détaillée, car elle présente différentes particularités.

Elle porte le nom de :

SOCIÉTÉ ANONYME POUR LA CONSTRUCTION D'HABITATIONS OUVRIÈRES DE « RORDAL » (PRÈS D'AALBORG).

Cette société se fonda en mars 1899 à la demande d'hommes intéressés à la « Fabrique de ciment de Portland, à Aalborg » et en grande partie en vue des nombreux ouvriers occupés là. Elle trouva tout de suite un soutien puissant du côté de la fabrique.

Le but de la Société était d'acquérir un terrain convenable appartenant à la propriété « Rördal », près de Aalborg, et d'y construire de bonnes et saines habitations pour les ouvriers, avec des écoles, une église, un presbytère, une maison d'assemblées, des locaux pour une grande société coopérative de consommation, un établissement de bains, une crèche, des jardins, un square public, etc...

Le fonds social, capable d'augmentation, est provisoirement fixé à 170.000 francs dont la plus grande partie, environ 150.000 francs, est souscrite par la fabrique de ciment.

Le caractère philanthropique de la Société se fait sentir principalement en ce que le dividende des actionnaires ne doit jamais dépasser 4 0/0, et que la plus-value du reste doit être versée à un fonds de réserve que l'on pense employer à des diminutions de loyer, à des logements gratuits, à une caisse de retraites pour la vieillesse et à la pension de vieux locataires ou autres dans le besoin, ou à d'autres institutions pouvant améliorer la situation des locataires.

Quand la fabrique de ciment, peu de temps après la création de la Société, acquit la propriété « Rördal », située tout à côté de la fabrique, et du « Limfiord », à environ 4 kilomètres et demi de la ville de Aalborg, la Société eut l'occasion d'acheter un terrain admirablement bien situé pour ses besoins, d'une superficie d'environ 42.000 mètres carrés. Le prix en était très modique : 10 centimes par mètre carré.

Sur ce terrain, on compte construire plus tard, indépendamment des locaux à usage commun que nous venons d'énumérer, des habitations pour environ 408 familles avec un petit jardin pour chaque maison. On élevera deux catégories de maisons, de sorte que les logements puissent être choisis en vue des moyens des locataires. On a l'intention de disséminer les différents types par ci, par-là, dans les carrés, afin de ne pas établir de séparation marquée entre les habitants plus ou moins bien situés.

Il va de soi que toute la colonie sera pourvue d'un réseau de chemins bien organisés, ils seront plantés d'arbres et en rapport direct avec la grand'route de Aalborg. Des sentiers particuliers aux bicyclistes seront construits sur une vaste étendue, ce qui prouve combien la circulation de ces véhicules, ici en Danemark, a gagné du terrain, également dans la classe ouvrière.

On prendra soin d'établir un système parfait d'égouts qui auront leur écoulement dans le « Limfiord »; mais comme la situation des terrains ne permet qu'une chute d'eau peu considérable sur la plus grande partie des conduites, on a construit aux endroits convenables des bassins de retenues munis d'écluses de chasse automatiques approvisionnées d'eau de l'usine à eau.

La colonie elle-même recevra l'eau d'une petite usine établie par la fabrique et qui tire son eau d'un des grands puits de la fabrique; elle sera pompée et menée soit directement jusqu'aux maisons ou aux réservoirs situés sur un terrain élevé, au sud de la colonie, environ à 33 mètres au-dessus du niveau de la mer.

Comme nous l'avons dit, les maisons seront construites d'après deux types tout à fait différents, ayant ceci de commun qu'elles seront doubles et symétriquement bâties autour d'un mur mitoyen. Elles seront à un ou à deux étages.

Les premières comprennent un édifice principal communiquant à un arrière-corps. Chaque logement d'une maison double comprendra dans le corps de logis principal : au rez-de-chaussée, une entrée de $1^m,25 \times 1^m,25$, une cuisine de $4^m,23 \times 3^m,28$ et une chambre à coucher de $3^m,77 \times 3^m,28$, et à la mansarde également une chambre à coucher de même dimension, tandis que l'arrière-corps contiendra une dépense, un bûcher et une buanderie avec eau et écoulement, le tout spacieux. Enfin, de la cuisine, un escalier mène à un petit sous-sol, et dans la chambre à coucher se trouve un placard.

Comme la cuisine est destinée à servir également de salle à manger pour la famille, elle sera très grande et munie, outre le contenu ordinaire, de bancs fixes à dossiers de bois, d'une table carrée solide, d'une petite armoire d'encoignure au-dessus du banc et d'un buffet fixe. La cuisine sera ainsi complètement garnie de meubles et, en lui donnant un aspect convenable, on espère en faire une pièce où la famille se tiendra habituellement.

Le fourneau est organisé de sorte que le feu puisse, en hiver, servir en même temps à chauffer la cuisine et la chambre à coucher, les produits de la combustion étant menés, dans ce but, au travers de longs tuyaux. Enfin, adossé au pignon de l'arrière-corps se trouve un appentis, où sont les cabinets, et un poulailler.

On pense élever cent vingt cinq maisons de ce type, avec logements pour deux cent cinquante familles et chaque double maison aura un terrain de 1.000 mètres carrés dont 400 mètres carrés de jardin pour chacune.

Les maisons à deux étages sont réunies en groupe de deux ou de quatre, et elles ont à chaque étage deux appartements symétriques ainsi qu'à la mansarde; il n'y a qu'un escalier situé au centre, et par conséquent commun aux six appartements. Chacun d'eux comprend une entrée de $2^m,30 \times 1^m,43$, une chambre à coucher de $4^m,40 \times 3^m,14$, une cuisine spacieuse de $4^m,23 \times 3^m,14$ avec le même ameublement que ci-dessus, une arrrière-cuisine avec évier de $2^m,75 \times 1^m,30$, une dépense, une garde-robe. Un sous-sol avec bûcher et un endroit réservé aux provisions pour chaque famille, ainsi qu'une buanderie et un endroit pour sécher le linge, communs aux six familles, s'étend sous toute la maison. Dans une petite construction située à l'écart sont installés les cabinets et des poulaillers.

Toute l'organisation des maisons sera complètement celle des maisons ci-dessus mentionnées.

On pense en construire vingt-cinq de ce type, avec logements pour cent cinquante familles. A chaque double maison appartient en tout environ 2.500 mètres carrés de terrain, dont environ 340 mètres carrés de jardin pour chaque logement.

Le projet de construction que nous venons d'esquisser sera mis à exécution au fur et à mesure que la Société anonyme disposera des fonds nécessaires.

Le Ministère des Finances a promis à la Société un prêt d'État, suivant la loi du 26 février 1898, aux conditions spéciales suivantes ;

1° Le prêt ne dépassera pas 140.000 francs ;

2° La promesse de prêt est considérée comme nulle au cas où la Société n'aurait pas certifié devant le Ministre, avant le 1er avril 1900 que l'entreprise est arrivée à un tel point que le prêt pourra être réalisé au terme de décembre 1900.

Grâce au fonds social de la Société, aidé dudit prêt d'État, on pourra élever dans l'année courante trente maisons à un étage et construire les parties de chemins, d'égouts et de conduites d'eau correspondantes pour une somme totale d'environ 36.000 francs,

et comme le terrain y afférant a une valeur totale d'environ
5.500 francs, le terrain et les dépendances auront ensemble une
valeur d'environ 41.600 francs, ce qui donne environ 1 fr. 40 c. par
mètre carré, prix qui sera diminué d'un quart par la construction
continuelle.

Il faut regarder ce prix comme très modéré, puisque de tels terrains
de construction, non compris l'établissement de routes, d'égouts et
de conduites d'eau coûtent pour le moment, dans les villes des pays
voisins jusqu'à 1 fr. 50 c. le mètre carré.

Une seule maison, comme celle ci-dessus décrite, avec habitation
pour deux familles, coûtera y compris le terrain de 1.000 mètres
carrés et les plantations, etc., environ 8.330 francs. De cette somme
environ 60 0/0 seront fournis par le prêt d'État, tandis que le reste
sera donné par le fonds social de la Société de construction.

On pense fixer le loyer à 6 0/0 de la somme totale de construction, c'est-à-dire environ 500 francs par an, soit environ 350 francs
par famille, somme bien modérée en considération des avantages
offerts.

Quant au rendement, on pourra faire le tableau suivant :

Recettes.

Loyer de deux logements, environ. . . . . Fr.   500

Dépenses.

4 0/0 de rentes et d'acomptes de la première
  hypothèque de l'État, environ . . . . . Fr.   200
Impôts et assurance. 17
Vidange et ramonage 13
Impôt sur l'eau 10
Frais d'entretien 70
Frais d'administration et autres. 20
                             Fr.   130   130
                                    330   330

Donc bénéfice brut.   170
4 0/0 de la partie du fonds social placée dans la maison,
  (environ 3.500 francs) sont prélevés   140

Après quoi le bénéfice net sera. . . . . Fr.   30

Vu : 1° Qu'il ne se produira pas de pertes pour arriérés de loyer,
celui-ci pouvant être retenu à la fabrique de ciment sur les salaires
des locataires ;

2° Que le fermage de la partie du terrain non encore utilisée, déduction faite des impôts, pourra fournir les intérêts du prix d'achat;

3° Qu'une décharge spéciale de la valeur des maisons ne sera pas nécessaire, puisque toute la première hypothèque provenant de la Caisse d'État sera payée par acomptes en quarante ans environ, après quoi chaque double maison ne reviendra à la Société qu'à 3.500 francs.

L'entreprise pourra donc balancer les revenus de loyer calculés.

Nous avons déjà dit, au début de cette étude, qu'un nombre assez considérable de Sociétés n'ont pu être favorisées d'un prêt de l'État d'après la loi du 26 février 1898. Pour donner un exemple de ce que l'on a pensé faire dans ce cas nous mentionnerons ci-dessous une de ces Sociétés, savoir :

SOCIÉTÉ DE CONSTRUCTION « FRAM » *(En Avant)*

A LYNGBY.

Cette Société fut fondée au commencement de 1899, par cinquante ouvriers, à Lyngby, village situé à environ 12 kilomètres de Copenhague, dans le but de faire élever une maison pour chaque membre et de travailler à l'accomplissement exact et rapide des obligations solidaires des membres au sujet de l'entreprise de construction, afin que dans la mesure du possible, ceux-ci n'eussent pas de pertes à subir à raison de leurs obligations solidaires.

Tant que ces engagements ne seront pas réglés, les membres à qui les maisons ont été louées de la Société devront faire partie de la Société et en observer les règlements.

La cotisation hebdomadaire était, à l'origine, fixée à 1 fr. 40 mais bientôt on la doubla. La somme ainsi recueillie forma le fonds de réserve de la Société.

Peu de jours après sa fondation, deux personnes considérables du pays vendirent un terrain à quelques minutes de la gare, d'une superficie d'environ 24.000 mètres carrés, pour une somme d'environ 1 fr. 74 le mètre carré et aux conditions suivantes :

1° Les vendeurs livreront à titre gratuit les chemins, leur construction et les égouts, à l'exception des égouts de cinq petits chemins de traverse.

2° Le paiement des terrains restera en première hypothèque. qui, en temps et lieu, sera remplacée par l'emprunt de construction.

3° Une fois les maisons construites, les première et deuxième hypothèques seront contractées aussi grandes que possible et les vendeurs se porteront cautions solidaires pour la deuxième hypothèque.

4° Si celle-ci ne s'élève pas à la somme exigée par les entrepreneurs et autres pour la construction des maisons, les vendeurs devront fournir le déficit ; si, au contraire, l'hypothèque est supérieure aux dépenses occasionnées par la construction des maisons, l'excédent devra être payé aux vendeurs.

5° Ce qui restera dû aux vendeurs, la mise en hypothèque terminée. sera payé par l'ensemble des 50 propriétés qui auront à fournir pendant vingt ans les intérêts et acomptes.

On voit donc qu'ici encore la Société est tout à fait exempte de responsabilité; comme celle-ci est à la charge du vendeur du terrain. l'entrepreneur en est exempt également, ce qui rendra le travail moins coûteux.

La construction des maisons fut bientôt commencée et elles sont toutes couvertes à présent ; dans quelques mois on espère les voir achevées. Par raison économique, on a également fait construire les maisons avec un pignon mitoyen et chaque maison n'est que pour un seul ménage. Comme de juste, ces constructions n'ont, pour cette raison. qu'un étage, distribué comme suit : au rez-de-chaussée, deux bonnes pièces avec cuisine et dépense, et à la mansarde, trois pièces avec décharge et pièce pour le combustible ; à chaque logement appartient une petite cave et dans la cour se trouvent les cabinets.

L'aspect extérieur des maisons est assez simple : elles sont blanches avec quelques bandes rouges, et les toits sont couverts d'une sorte de tuile romaine. Mais à chaque maison est attaché un terrain d'environ 480 mètres carrés dont la partie non couverte de constructions sert de cave et de jardin. Nous ferons simplement une comparaison quant à la valeur de celui-ci, que pour les petits « Jardins ouvriers » près de Copenhague, on paie un loyer annuel d'environ 20 fr. 30 c. pour environ 120 mètres carrés et que c'est même avantageux pour les ouvriers de les avoir et de les cultiver.

La construction des maisons a été adjugée à un entrepreneur qui n'a cependant pas la livraison des articles de fonte, ni des travaux de forage, etc. Il s'engage à l'entreprise moyennant environ

4.800 francs par maison ; la valeur du terrain par maison se monte à environ 830 francs, de sorte que le prix d'une telle habitation, y compris tous les travaux courants, s'élève à environ 6.250 francs.

La Société cherche à faire un emprunt d'État, mais en cas de non réussite elle pourra se tirer d'affaire avec le prêt de la Société de crédit et les deuxièmes hypothèques, quand même le taux d'intérêts serait par là un peu plus élevé et qu'il y aurait des pertes occasionnées par la baisse du cours de la Bourse.

Le rapport ne peut être compté que superficiellement ; l'emprunt d'État, mis de côté, on peut l'établir ainsi en supposant que chaque maison coûte environ 6.280 francs.

4 0/0 de rente sur 3730 francs	149	»
5 0/0 — — 1.865 fr. 2e hypothèque.	93	»
5 0/0 — — 655 fr. 3ᵉ —	33	»
Acompte sur la 3ᵉ hypothèque	33	»
Impôts, réparations et acomptes sur la 1ʳᵉ hypothèque,	72	»
Total Fr.	380	»

somme annuelle pour laquelle les membres pourront avoir la maison avec jardin, mais qui cependant, diminuera peu à peu quand la troisième hypothèque sera déduite.

Si l'on ne peut obtenir un emprunt d'État, chaque membre recevra le titre de propriété de la maison et l'on y dressera un certificat de caution solidaire pour les dettes de la Société. Chaque propriété sera donc hypothéquée à part.

Si l'on obtient l'emprunt d'État, ce sera la Société qui restera propriétaire de tous les immeubles, en donnera déclaration aux membres et leur louera les maisons aux mêmes conditions que celles mentionnées dans l'article réservé à « Godthaab ».

L'entreprise n'est pas aussi lucrative que dans les propriétés qui ont chacune plusieurs logements; mais les membres ont chacun leur maison à eux et ne courent pas de risques de pertes par arriérés de loyers.

Comme nous l'avons dit précédemment, tous les membres sont des ouvriers, pour la plupart, des ouvriers du bâtiments. Un membre étant sorti de la Société pour cause d'éloignement du pays, elle a organisé une Société coopérative de consommation qui doit avoir son local dans une des maisons et deviendra donc le 50ᵉ membre.

Du reste, l'administration intérieure est organisée sur le modèle de celle de « Godthaab ».

D. — Les Provinces.

Dans l'exposé qui précède, nous nous sommes occupés presque exclusivement de la situation dans la capitale et ses environs les plus proches. C'est ici, en effet, que le besoin d'améliorations s'est fait le plus sentir et que les efforts pour intervenir d'une façon utile ont été les plus considérables. Mais on a aussi déployé une assez grande activité dans les villes de province, et leurs environs, ainsi qu'à la campagne. Là comme dans la capitale, mais cependant un peu plus tard, on a découvert combien un foyer confortable avait d'influence sanitaire et morale sur la classe ouvrière et les renseignements statistiques à cet égard ont éveillé, pour cette cause, l'intérêt des philanthropes et d'autres. Nous avions eu en premier lieu l'intention de présenter cette partie de la situation des habitations ouvrières danoises d'une façon plus détaillée, mais d'une part nous n'avons reçu que peu de réponses à nos questions à ce sujet, et d'autre part le temps est trop avancé, de sorte que nous avons dû renoncer à la réalisation de ce plan.

Nous nous bornerons donc, pour les provinces, à quelques considérations générales.

Dans les villes les plus importantes, ce sont le plus souvent des Sociétés de construction qui, sous différentes formes, fondent des colonies pour les ouvriers, dans les grandes entreprises industrielles ; dans les petites villes et à la campagne, les patrons interviennent, soit pour des raisons philanthropiques, soit pour lier davantage les ouvriers à leurs affaires en leur procurant de meilleurs moyens d'existence. Comme exemple de cette dernière forme, on peut se rappeler la colonie « Rördal », près de Aalborg, ci-dessus décrite et qui est de date toute récente. De tels efforts, dans ce but, ne sont pas rares parmi les grands propriétaires fonciers.

En règle générale, on dispose de semblables habitations en petites constructions à un ou deux étages auxquelles appartiennent, si possible, un bout de jardin ; la distribution est toujours conçue de telle sorte que chaque appartement comprenne une salle à manger, une ou deux chambres à coucher, une cuisine, une cour avec l'eau et les cabinets ; mais il n'y a pas de règle fixe à cet égard. C'est pourquoi les prescriptions locales et des circonstances spéciales ont imposé aux différents établissements un aspect très variée. Il faut cependant faire remarquer que ces habitations ouvrières, surtout les plus anciennes, sont en générales trop petites en proportion du nombre des habitants et, en tout cas, la quantité d'enfants est très souvent plus grande qu'on ne juge bon de nos jours. Et c'est pourtant un fait, que les habitations ouvrières, dans le sens le plus restreint du mot, offrent des foyers plus salubres et plus confortables que ceux qui sont en général mis à la disposition de la classe pauvre.

L'entreprise en dehors de la capitale se divise en trois catégories, savoir : Habitations ouvrières construites par des Sociétés, par des Institutions ou par des particuliers.

D'après un rapport d'il y a une dizaine d'années, on voit que des deux premières catégories se trouvaient à peu près 250 constructions, comprenant 780 logements et que, dans 4 villes, c'était l'intention d'en faire la propriété des locataires. De la troisième catégorie, il y avait à la même époque 8 constructions contenant en tout 122 logements. On ne peut douter qu'en ce temps déjà, il y en avait un plus grand nombre de toutes les catégories, et ce nombre a beaucoup augmenté maintenant.

Enfin, il faut ajouter que de tous côtés, tant dans la capitale que dans les provinces, se trouvent des jardins pour les ouvriers qui, soit gratis, soit moyennant une rétribution annuelle très minime, sont répartis entre les ouvriers qui viennent y chercher le repos et la récréation au sein de leurs familles, après leur journée de travail.

IMPRIMERIE CHAIX, RUE BERGÈRE, 20, PARIS. — 20342-9-60. — (Encre Lorilleux).